多田富雄コレクション

3 人間の復権

【リハビリと医療】

【解説】立岩真也・六車由実

藤原書店

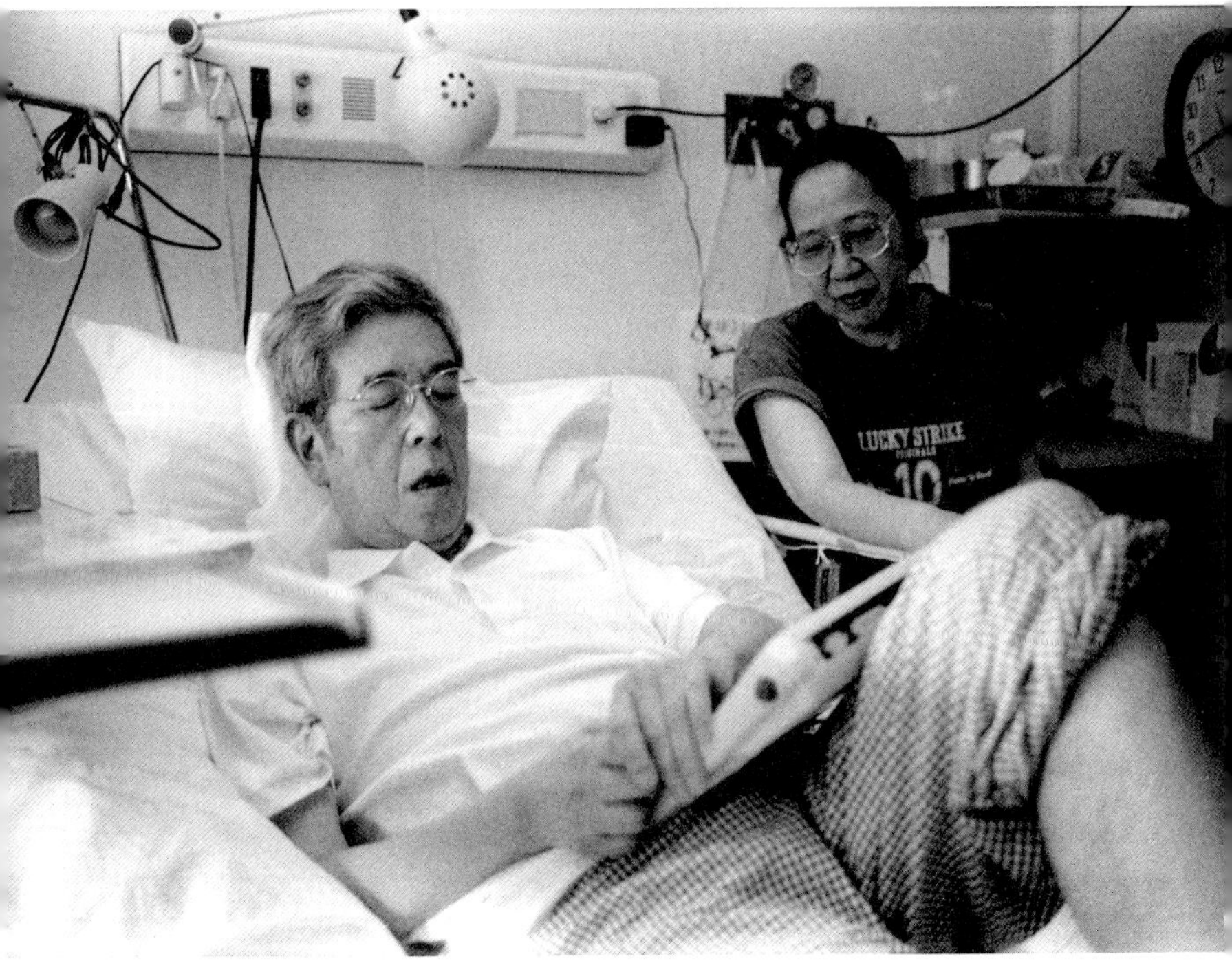

金沢の病院から東京・駒込病院に転院を果たす。会話はトーキングエイドが頼り。（2001 年 7 月 27 日）

（本巻口絵写真はすべて撮影・宮田均）

自宅にて、片手でパソコンを操作する。
（2004 年 6 月 26 日）

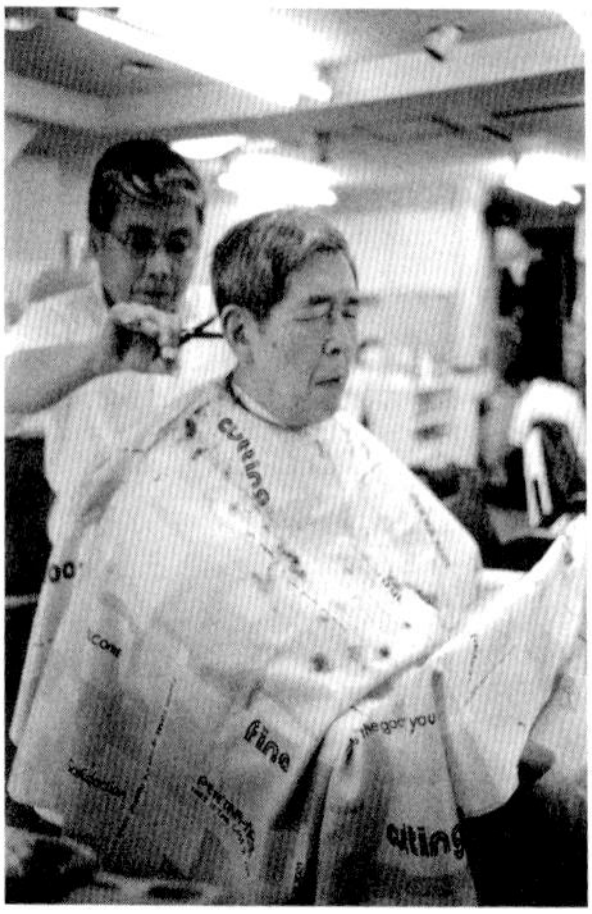

行きつけの理髪店にて散髪。
（2006 年 3 月 11 日）

厚労省にて、リハビリ打ち切りに反対する 44 万人の署名を提出。（2006 年 6 月 30 日）

多田富雄コレクション３——目次

編集協力・笠井賢一
多田式江

多田富雄コレクション 3

人間の復権

――リハビリと医療

凡例

一　底本における明らかな誤字脱字は訂正した。
一　可能な範囲で表記の統一を行った。
一　振り仮名は、底本における有無に関わらず、読者の便宜を考慮して加除した。
一　本コレクション編集部による補足は〔　〕で示した。

I　寡黙なる巨人

新しい赦《ゆる》しの国

帰ってきた老人は
棘のある針槐《はりえんじゅ》の幹にもたれ
髭だらけの口を開いた
無意味に唇を動かし
海鳥の声で
預言者の言葉を呟いた

海は逆立つ波に泡立ち
舟は海に垂直に吸い込まれた
おれは八尋もある海蛇に飲み込まれ

腸の中で七度生まれ変わり
一夜のうちにその一生を過ごした
吐き出されたときは声を失い
叫んでも声が出なかった

おれは飢えても
喰うことができない
水を飲んでも
ただ噎《む》せるばかりだ
乾燥した舌を動かし
語ろうとした言葉は
自分でも分からなかった
おれは新しい言語で喋っていたのだ

杖にすがって歩き廻ったが
まるで見知らぬ土地だった
真昼というのに

満天に星が輝いていた
懐かしい既視感が広がった
そこは新しい赦しの国だった
おれが求めていたのはこの土地なのだ

おれの眉間には
明王の第三の眼が開き
その眼で未来を見ていた
未来は過去のように確かに見えた

おれの胸には豊かな乳房
おれの股座《またぐら》には巨大なペニス
おれは独りで無数の子を孕み
母を身篭らせて父を生む
その孫は千人にも及ぶ
その子孫がこの土地の民だ

おれは新しい言語で
新しい土地のことを語ろう
昔赦せなかったことを
百万遍でも赦そう

老いて病を得たものには
その意味がわかるだろう
未来は過去の映った鏡だ
過去とは未来の記憶に過ぎない
そしてこの宇宙とは
おれが引き当てた運命なのだ

小謡　歩み

われをも歩ませ給えやと、
車椅子よりにじり立ち、
百歳《ももとせ》の媼《おうな》は杖にすがり
この一歩
涙とともに踏み出だす。
またはアフガンの
地雷を踏みて、
脚、失いし少年の
夢は砂漠を歩み行く。

思えば人類の歴史は
二足《にそく》の歩み知り得たる、
その一歩よりぞ始まれる。
重ぬる技《わざ》の歩みはいま、
月の表《おもて》にも印されぬ
さあれ平和とは、
花びら流る春の日、
はるかな未来、語らいつ、
わが身の影を歩まする、甃《いし》の上。

平成十七年新春

「歩み」を作詞するにあたって

ご指名により、御題小謡「歩み」を作詞する栄に浴した。もとより薄学の身、はじめから美辞麗句を連ねるつもりはなかった。現代人が謡っても、おかしくないようにと心がけた。

まず老人が、リハビリにより一歩歩けた感激を詠った。それは私自身がリハビリ室で目撃した、実際の情景である。次に、アフガニスタンの戦争で、地雷で片脚を失った少年の無残な夢に思いをはせた。このような悲劇を繰り返してはならないことを訴えたかった。

このようにわれわれの使っている直立二足歩行は、人類（ホモ・サピエンス）にのみ許された移動手段で、これを獲得したことによって、あらゆる技術を手に入れて進化してきた。その結果、ついに月面に足跡を残すに至った。そこには百万年にも及ぶ人類の歴史があったのである。

最後に、若い頃愛唱した三好達治の「甃《いし》のうへ」を引いて、未来の平和を祈った。「あはれ花びらながれ　をみなごに花びらながれ　をみなごしめやかに語らひあゆみ」に始まるこの詩は、平和の歩みを祈るに適した名詩である。

はじめはもっと長かったのを無理に縮めたので、舌足らずの感があるが、新しい年に、現在、来し方行く末を思って謡うメッセージとして、恥ずかしくないものと思っている。

寡黙なる巨人

はじめに

あの日を境にしてすべてが変わってしまった。私の人生も、生きる目的も、喜びも、悲しみも、みんなその前とは違ってしまった。

でも私は生きている。以前とは別の世界に。半身不随になって、人の情けを受けながら、重い車椅子に体を任せて。言葉を失い、食べるのも水を飲むのもままならず、沈黙の世界にじっと眼を見開いて、生きている。それも、昔より生きていることに実感を持って、確かな手ごたえをもって生きているのだ。

一時は死を覚悟していたのに、今私を覆っているのは、確実な生の感覚である。自信はないが私は生き続ける。なぜ？　それは生きてしまったから、助かったからには、としかいいようはない。

その中で私は生きる理由を見出そうとしている。もっとよく生きることを考えている。

これは絶望の淵から這い上がった私の一年間の記録である。

発端その前夜

それは二〇〇一年の五月二日のことだった。

私にとって忘れられない恐ろしいことが起こったのは。満六十七歳の誕生日を迎えてまもなくのことだった。

私はアメリカへの出張から帰って、すぐに山形に病気で臥せっている恩師を訪ね、その足で列車を乗り継ぎ金沢で待っていた友人のところにたどり着いた。歓迎の心づくしのワインで乾杯したとき、ワイングラスがやけに重く感じられた。重くてテーブルに貼りついているようだ。なんだかおかしい。それが後で思えば、予兆だったのだ。

翌朝手洗いに行って紙を使うのに力が入らない。不審だと思ったが、しばらくすると元に戻った。不安にかられて、東京の妻のところに電話して、体調不振を告げた。妻は内科医だから、今夜は早めに帰ること、検査の用意をしておくといった。

しばらく前から喘息《ぜんそく》様の発作があるので、金沢の漢方医の診察を受けていた。異変が起こったのは診察の最中だった。話をしていたらにわかに口がきけなくなり、頭の中が真っ白になった。手足の力が抜けて、診察台のほうへ倒れこんだ。

すぐさま救急車が呼ばれ、金沢医大の付属病院に担ぎ込まれた。救急車のサイレンを後ろに聞きながら、私は担架に横たわった。酸素マスクの下で、これは大変なことになったらしいと初めて心配になった。屈強な看護師が頻繁に血圧を測ったが、異常はない様子だった。その間意識は失われることはなかった。

症状は一過性で、救急車に乗せられると、すぐ消えてしまった。私は起き上がろうとしたが押さえつけられ、モニターにつながれたまま身動きできなかった。

二十分ぐらい揺られたであろうか。突然車が止まり、あわただしく、大きな検査室に運び込まれた。型どおりの診察の末、緊急入院ということになった。病状のただならぬことは、時を移さず教授が呼ばれ、抗凝固剤の点滴などが開始されたことからも知られた。

私は半信半疑だったが、夕刻になって東京から妻が呼ばれた。事情を知った妻は、枕もとで心配そうに見守っていた。しかし私自身はもう大丈夫、もう大丈夫と繰り返していた。

二回目の発作が襲ったのは午後五時過ぎだった。夕食の途中で急に金縛りのように手足が動かなくなり、体の自由が失われてベッドに倒れこんだ。しかしこのときも一過性の虚血で、医師が駆けつけたときにはもう治っていた。私はまだことの重大さに気づいていなかった。ＭＲＩ（核磁気共鳴装置）やＣＴ（コンピューター断層撮影法）があわただしく追加され、抗凝固剤などが投与された。このあたりから夢を見ているようで、ただあれよあれよという感じだった。はっきりしていることは、私が少しも動転していないことだった。

死の国からの生還

妻に冗談をいっているうちに、睡眠剤のせいかいつの間にか深い眠りに落ち込んだ。後で聞くと何度か目を覚まし、断片的なことをしゃべったそうだが、その間に見たことは一続きのものだった。

私は死の国を彷徨《ほうこう》していた。どういうわけかそこが死の国であることはわかっていた。不思議に恐怖は感じなかった。ただ恐ろしく静かで、沈黙があたりを支配していた。私は、淋しさに耐え切れぬ思いでいっぱいだった。

海か湖か知らないが、黒い波が寄せていた。私はその水に浮かんでいたのだ。ところが水のように見えたのはねとねとしたタールのようなもので、浮かんでいた私はその生暖かい感触に耐えていた。

私のそばには一本の白い腕のようなものがあって、それが私にまとわりついて離れなかった。その腕は執拗に私をタールのような水に引きずり込もうとしていた。どこまでも、どこまでも離れようとしない。私は白い腕から逃れようとあがいていた。

あれは誰の手、私の手ではあるまい。でも誰の手であろうか。こんな気味の悪い経験をしたことはなかった。

私はその手につきまとわれながら、長い間水の上を漂っていた。そうこうするうちに大きな塔のようなものが見えてきた。四角な威圧的な塔だ。窓のまったくないのっぺらぼうの塔だった。下は見渡す限りのスラムだった。荒れ果てて人が住んでいる形跡はない。それがさっきのタールのような海に続いていた。塔の上には一本の旗が立っていた。それが風に翻っているのが、夜目にもはっきりとわかった。これは死の国に相違ない。それならば神様がいるかと思って探してみたが、どこにもその形跡はなかった。

こんなところまで来てしまったからには、もう帰るわけにはいくまい。ものすごくさびしかったが、不思議に恐怖感はなかった。でも、あんな孤独感を味わったことはなかった。

もう諦めていたのに、目を覚ましたのは明け方であった。まず目に入ったのは妻の心配そうな顔だった。寝ずに見守っていたのだ。安堵の気持ちが表情に表れている。

もう大丈夫、と声をかけようとしたが、なぜか声が出なかった。なぜだろうと思う暇もなく、私は自分の右手が動かないのに気づいた。右手だけではない。右足も、右半身のすべてが麻痺している。嘘のようなことだが、それが現実だった。

訴えようとしても言葉にならない。叫ぼうとしても声が出ない。そのときの恐怖は何ものにも比較できない。

もう死んだと思っていたのに、私は生きていた。それも声を失い、右半身不随になって。カフカの『変身』という小説は、一夜のうちに虫になってしまった男の話だが、私もそんなふうであった。到底現実のものとは思えなかった。

私は頼りないうめき声で助けを求め、身もだえするほかなかった。これは大変なことになってしまったと思ったが、訴える術《すべ》がなかった。どうなることか、考えがまとまらず、私は声にならない声ですすり泣くしかなかった。

脳梗塞の診断

まもなくストレッチャーに縛りつけられ、核磁気共鳴装置（ＭＲＩ）の検査室に運ばれた。瞬く間に密室にある大きな機械装置にくくりつけられた。抵抗しても無駄なことはわかっていた。耳のそばで、ポカンポカン、ポヤポヤポヤ、と音がし始め、それがジーコジーコ、ガーガーガーというような音に変わった。なんだか非現実の世界に入ってしまったようだった。やがて音はすさまじい騒音となり、私は助けを呼ぼうとしたが声は出ないし、逃げることなんかできるはずがない。舌がよじれて喉に落ち込み、およそ三十分後に息も絶え絶えになって救出された。夢ならば覚めよと思ったが、それが現実だった。

妻が「大丈夫？　大丈夫？」と尋ねているが、大丈夫どころではなかった。声が出ないので答えることなどできない。身動きもできぬままストレッチャーに縛られ、呆然としていた。

しばらくして担当の医師から結果を聞かされた。まだ病気は固定していないが、左の中脳動脈の塞栓《そくせん》による脳梗塞《のうこうそく》で、このまま経過すれば生命には別状はないと説明があった。山ほど聞きたいことはあったが、しゃべれないのでうなずくばかりだった。脳の解剖図をコピーしてくれたので、もう少し広く障害が起これば命にかかわったし、ちょっと外れてくれたので人格に異状はなかったということだけはよくわかった。

でも梗塞巣《こうそくそう》とは反対側の右に、運動障害が起こり、以前にやったと思われる右の小梗塞巣とあいまって、仮性球麻痺が起こり、そのため嚥下《えんげ》障害や言語障害が起こっているというのである。球麻痺というのは、両側性の脳幹部の梗塞で起こる言語および嚥下障害である。脳梗塞のほかに、筋萎縮症《きんいしゅく》やエイズの末期などの神経疾患でも起こる。

だから一歩間違えれば命にかかわった梗塞である。厄介なことになったものだ。なんと私は右側の重度の片麻痺のみならず、言葉を失い、その後、年余《ねんよ》にわたって私を苦しめることになった、舌や喉の麻痺による摂食の障害まで引き受けてしまったのだ。

発作直後

確かに私は死ぬはずだった。その後数日の間、私には夜も昼もわからなかった。眠っては起き、夜も昼もなかった。ベッドに入っていても、検査や診察などで起き上がっているときも、わけのわからない苦しみにいつも悶《もだ》えていたようだ。でも記憶は断片的なものに過ぎない。

眠っている間に、麻痺のために舌が喉に落ち込んでしまうので、常に電動ベッドの背を四十五度くらいに上げていなくてはならない。その間に、体がずり落ちてしまうので、頻繁に体位を交換しなくてはならぬ。言葉がしゃべれないので、妻に「体位交換してください」と紙に書いてもらった。必要なときは看護師を呼んで、その紙を見せて引きずり上げてもらうのだ。看護師はそれを見て、二人がかりで私をずり上げる。

喉にはいつも痰《たん》のようなものが絡んでいた。しつこい痰が、いつまでも胸に引っかかっていてどうしようもない苦しさだ。やはり妻に「痰を取ってください」と書いてもらって、それを見せる。看護師は吸引機につながった管を喉に差し込んで、痰を引く。そうしないと肺炎を起こす危険があるのだ。

しかし喉の痰はいったん取れても、胸の奥でずるずるいっている。しつこい痰は取れていない。そちらの方がもっと苦しい。ゴホンと咳が出てしまえば嘘のように楽になるのだけれど、咳払いができないのだ。この世に咳止めというのはあるが、咳を誘発する薬はないのだろうか。

毎夜毎夜執拗な痰に苦しめられ、看護師に引いてもらう。引くのが上手な人もいれば、何度やっても引けない看護師もいる。どうしても取れないときは、鼻からチューブを気管の方に差し込んで、激しい咳とともに痰を排出させる。苦しいことは筆舌に尽くせないが、痰に苦しめられるよりはましだ。

看護師の中に、これが上手な人がいる日は安心だが、いない日は喉の痰が一日中気になる。夜になると痰の苦しみに耐えがたく、胸を切り裂いても痰を出したいと、ベッドの中で思い悩むのだった。殺してくれと妻に訴えようと何度思ったか知れない。しかし訴えようにも、どうにも声が出ないのだ。苦しみながら胸をかきむしり、どうしても耐えられないときはのけぞって体をゆするほかはなかった。

地獄の始まり

私は間もなく、今まで何気なくやっていたことができなくなっていることに気づいた。たとえば唾を飲み込むこと。医師に「ごくんと唾を飲み込んでください」などといわれても飲み込むことができない。そのごくんができないのだ。だから涎《よだれ》がとめどなく流れる。いつもだらしなく涎をたらしている。

咳払いすることもできない。喉の奥に痰のようなものが絡んでも、咳払いして排出することが不可能だった。ついには気管の方に流れて、それも排出することができないので、喉が詰まったようになって激しい咳き込みが起こる。咳で取れればよいが、いつまでたっても詰まったたままだ。うがいをすることもできない。水を飲み込まずに口に含んだままにすることができないから、歯磨きをしても口をすすげない。あるとき水を口に含んだとたん、目の前が真っ白になって激しく咳き込んだ。それからというもの、歯磨きをするときは細心の注意を払わなければならないことに気づいた。ましてやガラガラと喉を洗う、うがいなどできるはずがなかった。

それがどういう苦しみにつながるのか、その時点では知る由もなかった。嚥下がうまくいかないのも、唾が飲み込めないのもそのせいであった。嚥下がうまくいかないとは、どんな苦しみなのかは、障害を持った人しかわかるまい。痰が絡んでも出せないのは、地獄の苦しみなのだ。

一例をあげよう。まず水が一滴も飲めないのだ。喉がからからに渇いても、水を飲むことができない。湿ったもので喉を潤すこともできない。医師からは注意されていたが、ある朝不用意に水を飲もうとした。そのとたん激しくむせ、頭が真っ白になった。驚いたことに私は数 cc の水に溺れた。

水だけではない。己の唾液でむせるのだ。不用意に唾を飲むことはできない。失敗すれば激しく咳き込み、後まで胸のあたりに痰が絡む。そればかりか肺炎の危険がある。

喉の麻痺は嚥下困難だけではなかった。嘔吐反射が消失していたのだ。喉に指を突っ込んでも、どうしてもおえっという反射が起こらない。これらのことがどんな苦しみにつながるかは後になってわかった。

嚥下造影

嚥下の機能を見るために嚥下造影という方法がある。リハビリ科に嚥下の専門家がいたのは私にとって幸運だった。その診察の日、私は緊張してレントゲン室に向かった。

レントゲン撮影機に抱きかかえられて乗り、座った椅子は四十五度に固定された。苦しかった。造影剤をスプーンで一口含むと、もうむせてしまう。注意深く一飲みすると、危険だからもう中止だという。

透視室に一緒に入っていた妻が、汗を拭きながら出てきた。危なくて到底見ていられないという。造影剤を含んだ水が、気管の方へちょろっと入ってしまうのだという。危なくて見ていられなかったというのだ。

日を改めてもう一度繰り返した。今度は水のほかにゼリー状のものを飲んだが結果は同じだった。嚥下反射が起こらないので、食道でなく気管の方に行ってしまうのだ。

しばらくの間（その期間がどのくらいになるか知れないが）、喉に差し込んだままのチューブは抜くことはできないと宣告されて私はまた絶望した。しかし鼻から入れたままではなくて、口から食道までそのつど挿入することになったのはせめてもの慰めだった。普通ならここで胃瘻《いろう》（胃に直接栄養を送り込む穴）を作られてしまうところだ。食事の前に、医者である妻がチューブを差し込む処置を行う。

食事といっても、どろどろの液体を注入するだけだ。それまでは鼻に通したチューブに、液状の栄養剤を流し込んだが、それからは妻が毎回入れたチューブに変わった。いつも鼻にチューブをつけたままいる煩《わずら》わしさからは逃れることができたが、今度は一日三回チューブを飲み込まなければならない。

その間に飲み込みの訓練をする。そのためのゼリー状の液体も用意した。少しずつ飲んで喉の反射を促すのだ。

茸のにおいのする液体で訓練を始めようとしたとき、恐れていた事態が起こった。熱が出たのだ。三十八度五分であった。肺炎、そう思って私は観念した。もう安らかに死なせてくれ。しかし発熱は一日でおさまり、私は死ななかった。でも飲み込みの訓練は中止されたまま再開されることはなかった。私は金沢にいた丸二カ月間口からものを食べることなく過ごしたが、体重は元のままだった。

病気の認識

発作から数日の間は、この病気が自分にどんな意味を持つのかがよくわからなかった。体は麻痺していたが、そのほかは夢うつつで、自分がどんな状態に置かれているかは定かでなかった。

どうも大変なことに陥ってしまったという思いだけが去来した。半醒半睡《はんせいはんすい》の状態だったらしい。

それがさらに数日を経ると、症状も固定し病気の認識が可能になった。この右の麻痺は左脳に広範な梗塞が起こって生じたものらしい。脳梗塞だとすれば、もう元には戻らないだろう。受容しなければならない運命だ。どうしようもないことだ。その中でどのようにして自分を維持してゆくか。対策といっても、思いつくようなものはない。医師に尋ねたくても口がきけないから尋ねようもなかった。思いもかけない事態になった。これから機能回復を図り、生きられるものなら生きてゆかなくてはならぬ。それができるかどうか。

社会学者の鶴見和子さんは脳出血で倒れたとき、まず自分の蔵書を図書館に寄付し、身軽になって療養に専念する覚悟をしたという。そんなことは私にはできそうもない。心はうろたえるばかりで何も行動にならない。受容することの難しい病気だ。私はうじうじと考えもだえた。

主治医からいわれたことは、麻痺は三日、三週間、三カ月という感じで幾何級数的に治ってゆく。三日が過ぎると三週まで待たなければならぬ。三カ月たっても機能回復が起こらなければ、三年、いやもう治らないかもしれない。後はごくゆっくり回復するだけだ。治るものはきわめて早く良くなるが、後は治るとはいえない。ただ言葉は後になっても改善されることもあるから、失望してはいけない、ということだった。

もう三日はとうに過ぎた。間もなく三週間がやってくる。改善の様子はない。三カ月で本当に良くなるだろうか。もはや回復は無理と考えた方がいいのではないか。

はげしい喪失感が私を襲った。もう希望など捨てた方がいい。いっそさばさばした空気の中に私は浸った。この病気はもはや治らない。何とか適応して生きよう。どうせ長くはないだろう。

自己は維持されたか

それより私が心配したのは、脳に重大な損傷を受けているなら、もう自分ではなくなっているのではないかということであった。そうなったら生きる意味がなくなる。頭が駄目になっていたらどうしようかと心配した。それを手っ取り早く検証できるのは、記憶が保たれているかどうかということだった。

まず九九算をやってみたが大丈夫だった。覚えているはずの謡曲を頭の中で謡《うた》ってみた。初めは初心者の謡う「羽衣」をおそるおそる謡ってみたが、全部思い出すことができた。私が病気になる前に、鼓のおさらい会で打った「歌占《うたうら》」の謡曲はどうか。難しい漢語の並んだ文句だ。これも大丈夫だった。

しかし、死んで三日目に蘇って、その間に見てきた地獄の有様を物語るという能「歌占」である。地獄のクセ舞*と呼ばれる謡の、「飢えては鉄丸を飲み、渇しては銅汁を飲むとかや」という文句を思い出しているうちに、今の自分の境遇を思い起こして、嗚咽《おえつ》してしまった。

＊観阿弥が猿楽に取り入れた舞。扇を持って鼓を伴奏に謡う舞。

もう五日もたつのに、私は飲まず食わずで、すべては鼻から通した経管栄養で補われていた。それから丸二カ月の間、私は飲むことも食べることもできず、医師の管理下で栄養剤も水も薬も、すべてチューブを通して与えられた。それでも体重は減らず衰弱もしなかった。この方面の医学の進歩のせいだろう。昔だったらとうに死んでいたはずだ。

しかし、何も食べなくても糞は出る。まるで私はチューブで栄養を入れられて排泄物にする、糞便製造機のようではないか。私はポータブルの便器にまたがっていきむ。それにしてもいつもなんとも思わなかった便座の痛いこと。正常の人は、自然に大臀筋《だいでんきん》を動かして調節しているのだろう。麻痺すると動かすことができないから便座の穴にすっぽりと落ち込んでしまいそうだ。

何日も溜《た》まった糞便を排泄するのは容易ではない。冷や汗を流しながらいきんでも、まるで沈黙を強いられたように腸は動こうとしなかった。私は腹圧のかけ方まで忘れてしまったらしい。いきんでいるうちに麻痺した腕は、緊張して固まってしまう。

苦しくて看護師に浣腸をしてもらう。それでも出ないときは、便を手で掻《か》き出してもらうほかない。看護師は、ちっとも嫌がらずにこの大変な作業をやってくれるが、私のほうは叫び出したい苦しみだ。

排尿もベッドでする。慣れないうちはなかなか出ない。何とか立ち上がって、妻に尿器を持ってもらい何とか済ませる。言葉で尿器の位置などを説明できないので、つい妻に手荒なことをしてしまう。尿をするのが怖くて、長い間こらえてしまう。排尿の苦しみと不安で頭がいっぱいになる。

鎌倉時代の『地獄絵巻』に、糞便地獄というのが描かれているが、あれは便つぼに落ちた餓鬼を描いたものだ。しかし本当は、便が出ないで苦しむ、あるいは下痢に苦しむ病人のことを描いたに相違ない。これこそ地獄の苦しみなのだと、私は考えた。

何もしないでベッドに寝ているだけで、ものも食わずに糞をためている。排泄するのも人工的にする。それでは文字通り糞便製造機になってしまったようなものだと、私は自嘲した。

困惑

突然こんなことになって、後をどうすればいいのだろうか。私のスケジュールは詰まっていた。まずスウェーデンの国際免疫学会で講演の予定が入っている。私が三年間プレジデントを務め、今度の学会で引退するので、労をねぎらってディナーが開催される。学者としての花道である。その日はもう目前に迫っている。講演の原稿も書いてある。キャンセルの手紙を書かなければならぬ。字は書けない。言葉はしゃべれないから、指示することもできない。どんなに仲間の研究者や友人ががっかりするだろうか。華やかな会食の場面を思い浮かべては悲しくなった。

外国出張の予定も目白押しだ。特にこの秋予定されているカナリア諸島での会議には、久しぶりに妻も同行することになっていて、ずいぶん前から準備していた。そのほか今年だけでも、シカゴ、カンボジア、ケニア、韓国などに行く予定があった。どれもこれも仕事半分だが、楽しみにしていた旅行だ。みんな諦めなければならない。それより体も動かず言葉もしゃべれない状態で、主催者にどうやって断ればいいのか。

講演の約束や、対談の依頼など、考えると申し訳が立たない。みんなキャンセルしなければならぬ。ことに鶴見和子さんとの対談は、日にちまで決まっていた。偶然にも同じ病気に冒されたもの同士になって、運命の不思議さを感じた。

新聞や雑誌の連載もある。曲がりなりにも文筆を仕事としてきたものが、右手が麻痺し、声さえも出ない。利き腕なしでどうして文章が書けようか。言葉がしゃべれないので、口述筆記などの手段さえ使えないとすれば、もう終わりである。私は手で原稿を書いてきたので、ワープロなどの使い方も知らない。

私は四十年余りも、大倉流の小鼓を習ってきた。二百番あるお能のほとんどの曲は習った。自分でいうのは気が引けるが、玄人でもそんな音は出ないといわれたほど、美しい音を出してきた。毎日それを打って老後の楽しみにしてきた。何百万円もする道具を持っている。

もう打つことはできない。

考えているうちにたまらない喪失感に襲われた。それは耐えられぬほど私の身を嚙《か》んだ。もうすべてを諦めなければならない。

つらい日常

私のように日の当たるところを歩いてきたものは、逆境には弱い。何もかも心を萎《な》えさせる。妻が席をはずして一人になると、涙が止まらなかった。感情失禁ということもあって、よく泣いた。不安で気が違いそうになることもあった。夜半に目覚めて、よじれて動かない右手右足を長いこと動かそうと試み、どうしても動かないと知ってひそかに泣き続けたこともあった。

時々今の状態が夢で、本当は元のままなのではないかと疑うこともあった。夢の世界が続いているのだから、覚めれば元に戻ると本気であたりを見回したこともあった。でも現実は、麻痺した右半身と声のない世界にいる私を発見し、失望を繰り返した。

沈黙の世界

一言も言葉をしゃべれないまま、二カ月をこの病院で過ごした。初めは、そのうち声くらいは出るだろうと思って高をくくっていたが、それは完全な間違いであることがわかった。三週目ごろから、言語の訓練が始まった。

母音に始まりマ行の練習、そんな簡単なことができないので、私は絶望した。発音では鏡を見ながら練習する。初めて鏡を見せられて、私はあっと息を飲んだ。これが私なのであろうか。鏡に映っているのは、ゆがんだ無表情の老人の顔だった。

右半分は死人のように無表情で、左半分はゆがんで下品に引きつれている。表情を作ろうとすれば、ますますゆがみはひどくなった。顔はだらしなく涎をたらし、苦しげにあえいでいた。これが私の顔か。

ミケランジェロの『最後の審判』に、皮をはがれ、ぶら下げられた男の像がある。政敵におとしめられたミケランジェロの自画像だといわれている。まるでその男のように醜悪な顔がそこにあった。びっくりして発音の訓練どころではなかった。それは恐怖に近かった。

その恐怖が顔に表れて、顔はますます引きつった。顔の右半分が動かない。動かそうとすると、顔は左に引き寄せられ醜くゆがんだ。思い出すのもいやな下品で粗野な、地獄からの使者のように思われた。私は言葉の訓練も忘れて、鏡の中の自分の顔と心の中でしばらく格闘した。

驚きはそれだけではなかった。舌がまったく動かないのだ。舌を出して御覧なさいといわれても舌はビクリともしない。まるでマグロの切り身のように、だらりと横たわっている。舌を上の歯の裏側につけてといわれようと動きはしない。ましてや、タッタッと舌打ちしてなどというのは無理というものだ。

軟口蓋《なんこうがい》の動きがまったくないので、声を出そうとしても全部鼻に抜けてしまう。ただスースーと風のような音がするばかりだ。私は沈黙の世界に閉じ込められてしまった。

私の唯一の外部とのコミュニケーションの手段は、トーキングマシンという、ボタンを押して文章にすると声になって出る機械を利用することだった。

私はしゃべれないにもかかわらず、トーキングマシンでこっけいなことばかりいうので、私の病室はいつも笑い声が絶えなかった。私は看護師たちの人気者だった。それに大勢の見舞い客に囲まれ、一見楽しいときが流れているように見えたに違いない。しかし見舞い客がいっせいに帰ってしまうと、静かになった病室は、海藻に囲まれた海の底のようだった。私は水草の陰からじっと目を凝らしている深海魚のように、孤独だった。去るものは日々に疎しかと、私は自嘲した。そうだろう。しゃべることができない私なんて、きっと退屈以外の何ものでもないだろう。

絶望の淵から

朝よじれた体に気づいて目を覚ます。寝返りができないので、一夜のうちに手足は固まって痛む。麻痺した方は抜けるように痛い。体を動かすと、関節が痛くて泣きたいほどだ。

これから毎日これとともに起きなければならない。朝起きたときからいやな痰が喉に絡んでいる。さわやかな風とともに起き出し、剃刀のそり心地を右手で確かめるという習慣はもう二度と戻ってこない。

朝食を軽く食べて、朝のコーヒーとともに一日にやる仕事の段取りを考えるなど、飲めないのだし食べることもできないのだから、もう一生ありえないだろう。それとも、いつかはものを口から食べることができるのだろうか。だが当分は、労働を終えて、渇いた喉で水をごくごく飲む喜びはもう味わうことはできない。

声を失い、誰にも語りかけることができない人間を誰が相手にするだろうか。そんな退屈な障害者の家になど、誰も友達が来なくなるだろう。

実際、徹夜で看病してくれた妻に、ねぎらいの言葉一つかけられないのだ。それは身を切られるようにつらかった。疲れた体で介助する妻の髪に白いものが混じっているのを見ても何一つ声をかけられないのだ。

手洗いに行くにも人手を借りなくてはならない。一人でズボンも下ろせない。歯みがきも食事も一人ではできない。髪もとかせない。そんな生活を一生送らなくてはならないのか。

おそらく今死ぬということがわかっても、末期の言葉もかけられないだろう。妻や子にもお別れをいえずに死ぬのだ。

どこへも一人では出てゆけない。いや家にさえ一人ではいられまい。突然人が来ても応対ができない。もし事故が起こっても、助けを呼ぶことさえできないのだ。どんなところでも、無防備なのだ。

私は昨日まで健康だった。定期健診を受けても、何も引っかかるところはなかった。健康だけは誰にも負けない自信があった。それが一夜にして重度の障害者となって、一転して自力では立ち上がることもできない身となった。何をするにも他人の哀れみを乞い、情けにすがって生きなければならぬ。

私は自分でいうのは気が引けるが、少なくとも年よりは若く見られ、身だしなみもきちんとしていた。これからはスマートな老人になることを心がけてきた。これからが人生だと思ってきた。それが一転して、醜い障害を持った老人となってしまった。私は、これから一生続くであろう第一級の障害者としての生活を思って暗澹《あんたん》とした。

もういったん死んだのだから、死ぬことはちっとも怖くなかった。死の誘惑が頭をもたげた。それは一日中私の頭から離れなかった。

確実に死ぬ方法はないだろうかと思いをめぐらした。いくつもそんな方法はあった。でも最も簡単ないつでも実行可能なものは、電動ベッドを利用する方法だった。

まず電動ベッドに電気のコードを結びつける。コードは首に巻きつけておく。後は電動ベッドのスイッチボタンを押せばいいのだ。ベッドの角度が変わればコードは確実に首を絞めるだろう。私は電動ベッドのスイッチを動かしながら、ひそかに死を温めながら過ごした。それはだんだん怪物のように大きくなっていく。

私をいやおうなしに死の誘惑から救ったのは、妻の献身的な看護だった。妻は内科の医師として病院に勤務していたが、私が倒れてからはつきっ切りで私の看護にあたった。楽天的な彼女は、事態を正確に診断し、的確に対処した。覚悟を決めるのは早かった。いつも大丈夫と励ましながらも、重大な変化に常に対応できるよう怠りなかった。私が夢うつつでいたときも、常に醒めた目で病状を見守っていた。

彼女の方がもっとよく病気の運命を知り、心を痛め、悩んだのに相違ないのに、愚痴一ついわず重大な決断をてきぱきとやってのけたのだ。私の命は私だけのものではないことを、無言のうちに教えていた。

そのほか毎週のように東京からやってきた娘や、土地の友人などの情けを忘れることはできない。それぞれ忙しい仕事を抱えているのに、私の病状に一喜一憂してくれた。それがなかったら私は絶望のあまり気が狂っていたかもしれない。

二週間後

初めは少しずつ良くなると信じていた発音が、いつまでたっても良くなる兆候は見られず、私は依然として沈黙に閉じ込められていた。私は絶望した。声なんかもう出ない。諦めるしかないのか。

しかし幸いなことに、言葉の認識ができない失語症ではなかった。失語症では、ものはそれとわかっていても名前がいえなかったり、発音できてもそれがさすものがわからない。私の場合は、しゃべれなくても意味は理解できた。文章を作ったり、書いたりすることはできる。つまり文章を理解することは無傷なのだ。神様は紙一重で私の考えたり、判断する能力を残してくれた。

根気よく訓練すればしゃべれるようになると医師もいった。今は簡単な単語ですら、大変な努力をしてもわかるようには発音できないのだ。でも失望してはいけない。

運動機能も改善されない。足はまったく動かないし、腕はだらりとぶら下がったままだ。それが拘縮《こうしゅく》してしまうと、胸のあたりで固まって動かなくなる。一生このままだろうか。私は、胸のあたりに蕨《わらび》のような形に固まってぶら下がった、麻痺した手の形を想像してぞっとした。良くなるなら三週間といわれた、その三週間はもうすぐだ。

でも妻によれば、十センチもぶら下がったままだった肩が上がってきたし、顔も正常に戻ってきたという。以前はもっとひどかったという。でも私は鏡を見るのが怖かった。死の淵を見てきた男の顔は、どこから見ても無表情だし、硬くこわばっているはずだった。妻のいうことなど気休めにしか思えない。

しかしある日のこと、麻痺していた右足の親指が、ぴくりと動いた。予期しなかったことで、半信半疑だった。何度か試しているうちにまた動かなくなった。かすかな頼りない動きであったが、初めての自発運動だったので、私は妻と何度も確かめ合って、喜びの涙を流した。

自分の中で何かが生まれている感じだ。それはあまりに不確かで頼りなかったが、希望の曖昧な形が現れてきたような気がした。とにかく何かが出現しようとしていた。

リハビリ始まる

二週間にもなっただろうか。この間私は夢うつつで暮らした。毎日誰かが見舞いにきてくれたが、混乱した頭はほとんど覚えていない。ただいつも不安におののき、泣いたり怒ったり、感情の起伏は激しかったと思う。

それまではベッドに横になったままだったが、突然何の説明もなくリハビリが開始された。もうリハビリテーション科の、治療対象になったらしい。担当の理学療法士は、てきぱきと日常生活に必要な基本的な動作のやり方を親切に教えてくれた。私はこの二週間、何も食わずに管を鼻から入れたまま、横たわっていただけなので、初めは起きて体を動かすことがうれしかった。

しかし長い腿まである装具をつけて歩く練習はつらかった。この麻痺した足で歩くなどできるはずがない。でもプログラムに従ってやるよりほかなかった。むしろそうすることは、混乱した頭の私にとって救いですらあった。

理学療法士は親切にやり方を基本から教えてくれた。車椅子への乗り移り方、ベッドに戻るにはどうしたら良いか、そこには合理的な規則がある。理学療法士に一つひとつ教えられて、私はリハビリテーションが科学的なもので、決しておざなりの生活指導のようなものではないことを実感した。ここで教わったことが後まで役に立ったことを、今では感謝している。

そのほかに作業療法と言語療法が毎日課せられた。それぞれの専門の療法士に従って訓練のスケジュールが立てられた。なかなか忙しい。私は何もわからなかったが、それに従うよりなかった。リハビリは時を逸してはならないと主治医からいわれたので、それに従っただけだ。

私は来る日も来る日も、訓練に汗を流した。やっとつかまり立ちができると、次は平行棒の中で、一歩二歩歩く。足がもつれて転倒しそうになる。療法士に抱きかかえられるようにして、やっと一歩歩くことができる。

北陸も梅雨に入ると、窓から青田が見えた。訓練から帰ると、病室の窓を開けて稲の苗が獰猛《どうもう》なほどの力で一日一日成長しているのを眺めた。それ以外に、時間というものを実感することはなかった。

私の行動半径は、二カ月たってもせいぜい車椅子で五十メートルを超えなかった。たまに金沢の友人が車椅子を押して、別の病棟の窓のある廊下へ連れて行ってくれた。その病棟の窓からは、日本海が見渡せた。晴れた夕方は、落日が見事だった。私は無言で直径が百七十五センチもあるように見える夕日が、見る見るうちに一本の金の線となって海に隠れるまでじっと眺めた。

鈍重な巨人

そのとき突然ひらめいたことがあった。それは電撃のように私の脳を駆け巡った。昨夜、右足の親指とともに何かが私の中でピクリと動いたようだった。

私の手足の麻痺が、脳の神経細胞の死によるもので決して元に戻ることがないくらいのことは、良く理解していた。麻痺とともに何かが消え去るのだ。普通の意味で回復なんてあり得ない。神経細胞の再生医学は今進んでいる先端医療の一つであるが、まだ臨床医学に応用されるまでは進んでいない。神経細胞が死んだら再生することなんかあり得ない。

もし機能が回復するとしたら、元通りに神経が再生したからではない。それは新たに創り出されるものだ。もし私が声を取り戻して、私の声帯を使って言葉を発したとして、それは私の声だろうか。そうではあるまい。私が一歩を踏み出すとしたら、それは失われた私の足を借りて、何者かが歩き始めるのだ。もし万が一、私の右手が動いて何かを摑むんだとしたら、それは私ではない何者かが摑むのだ。

私はかすかに動いた右足の親指を眺めながら、これを動かしている人間はどんなやつだろうとひそかに思った。得体の知れない何かが生まれている。もしそうだとすれば、そいつに会ってやろう。私は新しく生まれるものに期待と希望を持った。

新しいものよ、早く目覚めよ。今は弱々しく鈍重《どんじゅう》だが、彼は無限の可能性を秘めて私の中に胎動しているように感じた。私には、彼が縛られたまま沈黙している巨人のように思われた。

詩の復活

そのころ、金沢の友人がワープロを差し入れてくれた。もともと原稿は手書きであったので、ワープロなんか使ったことがない。初めは字を入力しても間違った文章しか出てこない。それでもこれしか表現する手段がないとなると必死である。わからないところを尋ねるのも一仕事だ。何しろ言葉が使えないのだから。

私のワープロのレッスンは大変だ。金沢の友人にそばで見ていてもらい、何度も間違いを入力する。そうやって、質問の意味が友人にわかればいいが、どうしてもわからないときは左手で字を書いて聞く。字は判読できないほど乱れ、友人はそれを読む努力をした。それでも複雑なことはわからない。仕方がない。全部初めからやり直すほかはない。それでも何とか曲がりなりにも使えるようになった。一枚の原稿に一時間あまりかかる。

でも私は自分を表現する手段を手に入れた。初めての発作の夜のことを思い出していると、突然不思議に高揚した気持ちになって、詩のようなものを書きつけた。私の中に詩が蘇ったのである。後で少し手を入れたが、次のような詩である。

歌占

死んだと思われて三日目に蘇った若い男は
白髪の老人になって言った
俺は地獄を見てきたのだと
そして誰にも分からない言葉で語り始めた

それは死人の言葉のように頼りなく
蓮の葉の露を幽《かす》かに動かしただけだが
言っているのはどうやらあの世のことのようで
我らは聞き耳を立てるほかなかった

真実は空しい
誰が来世など信じようか
何もかも無駄なことだといっているようだった
そして一息ついてはさめざめと泣いた

死の世界で見てきたことを
思い出して泣いているようで
誰も同情などしなかったが
ふと見ると大粒の涙をぼろぼろとこぼしているので
まんざら虚言《そらごと》をいっているのではないことが分かった
彼は本当に悲しかったのだ

無限に悲しいといって老人は泣き叫んだ
まるで身も世も無いように身を捩《よじ》り
息も絶え絶えになって
血の混じった涙を流して泣き叫ぶ有様は
到底虚言とは思えなかった

それから老人は
ようやく海鳥《うみどり》のような重い口を開いて
地獄のことを語り始めた

まずそれは無限の暗闇で光も火も無かった
でも彼にはよく見えたという
岬のようなものが突き出た海がどこまでも続いた
でも海だと思ったのは瀝青《れきせい》*のような水で
気味悪く老人の手足にまとわりついた
彼はそこをいつまでも漂っていた
さびしい海獣の声が遠くでしていた

一本の白い腕が流れてきた
それは彼にまとわりついて
離れようとはしなかった
あれは誰の腕?
まさかおれの腕ではあるまい
その腕は老人の胸の辺りにまとわりついて
どうしても離れようとしなかった
ああいやだいやだ

だが叫ぼうとしても声は出ず
訴えようとしても言葉にならない
渇きで体は火のように熱く
瀝青のような水は喉を潤さない
たとえようも無い無限の孤独感にさいなまれ
この果てのない海をいつまでも漂っていたのだ

身動きもできないまま
いつの間にか歯は抜け落ち
皮膚はたるみ皺を刻み
白髪の老人になってこの世に戻ってきたのだ
語っているうちにそれを思い出したのか
老人はまたさめざめと泣き始めた

が、突然思い出したように目を上げ
思いがけないことを言い始めた
そこは死の世界なんかじゃない

生きてそれを見たのだ
死ぬことなんか容易《たやす》い
生きたままこれを見なければならぬ
よく見ておけ
地獄はここだ
遠いところにあるわけではない
ここなのだ　君だって行けるところなのだ
老人はこういい捨てて呆然として帰っていった

＊天然に産するアスファルトやコールタールなどの有機物質の総称。

病気になって初めて書いた詩はこのようなものだった。「歌占」というのは、能の題名で、死んだ後三日で蘇った男が、死の世界で見てきた地獄の有様をクセ舞にして語り舞うというものである。世阿弥の嫡男、観世《かんぜ》十郎元雅《じゅうろうもとまさ》の傑作である。

脳梗塞の発作の経験を、この能に重ね合わせてそのまま書いたものだ。それから何日もの間、私は取りつかれたようにワープロに熱中した。何篇もの詩を書いた。熱に浮かされたように高校を卒業したころ、私はいっぱしの文学少年であった。詩人の新川和江《しんかわかずえ》さんと同郷であったこともあって、新川さんに勧められて、抒情詩のようなものを詩の雑誌に投稿していた。

大学の医学部に入ってからは、医者の勉強などほったらかしで詩人の安藤元雄や、評論家の故江藤淳らと『位置』という同人誌を刊行したりした。江藤が本格的な批評を書き始めたのはこの同人雑誌だった。

私は五十年のときを隔てて、半身不随の身になって、昔の文学青年の血が騒ぎ始めたのを知った。書けるなら書いてやろう。今いる状態が地獄ならば、私の地獄篇を書こう。それはなぜか私を勇気づけた。

東京へ

そうこうしているうちにも季節はめぐっていた。金沢に列車で来たときは苗代に水が張られて車窓は光でいっぱいだった。光の国に来たようだった。今は田んぼが緑に満たされている。まもなく穂が出るだろう。光の世界から緑の世界への変貌だ。

その七月初め、私は金沢医大の付属病院を退院して、東京の都立駒込病院へ転院することになった。旅行先で突然倒れ、そのまま二カ月滞在したが、今度は落ち着いて療養することを考えなければならない。

私はそれまでの二カ月が早かったのか遅かったのかわからない。あっという間だったような気もするが、長い長い悪夢を見ていたようにも思える。

夢の中で、鼓を打っているところがあった。軽やかに右手は鼓を打ち妙音が響いていた。本当に夢だったかと、あたりを見回し、腕を動かしてみたことも何度もあった。しかし腕はピクリともせず、その都度がっかりするのだった。

二カ月の間、口からは一滴の水も飲まず、一椀の粥も食わずに、よくここまで生き延びられたものだ。あの日から一声も発していない。右の手足はまだ動かぬままだから、ベッドから離れることはできない。

一体いつになったらベッドを離れて普通の生活ができるのだろうか。それとも普通の生活など無理なのだろうか。誰にも聞くことができない。そもそも麻痺した手足が動くようになるかどうかを医師に聞いたって答えようがないはずだ。ましてやいつ良くなるかという質問自体が、答えることができない愚問なのだ。

患者の転帰は、一人ひとり違う。今重い症状があったからといって、良くなる人も、悪くなって立ち上がれない人もある。誰も予言できないことだ。今は運に任せるほかはない。

私は住みなれた東京の家に帰ることはできない。家の玄関の前に、たった三段だが急な階段がある。毎日上り下りして気にも留めてなかったが、今はそれが障害になる。たとえリハビリがうまくいって、杖で歩けるようになってもあの階段は上ることはできない。新しくバリアーフリーのマンションでも買って、引越しするほかはあるまい。

住み慣れた家はいろいろな思い出に満たされている。私は引越しなど嫌いなほうだから、三十年も同じ家に住んでいた。東大に近いところにある小さな一軒家は、私が研究に打ち込んでいたころ、研究仲間の溜まり場になったところだ。それに古いカーペットのコレクションもある。能面や折々集めた古美術もある。みんな不要になったばかりか、邪魔になるだけだ。私はむなしくなって涙が出た。

一番苦しかったとき、親身になってお世話してくれた病棟の看護師に、文字盤を使って別れを告げ、仲良しになった何人かに見送られながら、不自由な体を車に押し込めて小松飛行場に向かうとき、雨上がりの青田にまばらに稲穂が顔を出しているのを発見した。もうそんな季節になった。私の運命はどうなるのであろう。どうとでもなれ、生きるよりほかに選択肢がないのなら。

飛行機に乗るのは不安だったが、航空会社では物慣れたやり方で座席まで運んでくれた。夏雲の下に東京が見えたときも、私はまだ夢を見ているような気がして、現実のものかどうかを疑った。妻が前もって頼んでおいたタクシーに乗ると、車は高速道路へ入った。目まぐるしく場面が移り変わって、私はめまいがするようだった。

駒込病院

私が転院することになったのは、東京都立駒込病院だった。私の本郷の家からは、歩いて二十分程度のところにある。病院に隣接した東京都臨床医学総合研究所には私の弟子もいるので、時々は散歩で通ったものだ。その距離が私には無限の遠さのように思われた。たった二十分の距離にある、住み慣れた本郷へ戻ることは不可能なのだ。

私がここを選んだのは、そこにいる言語聴覚士の評判を聞いたからだ。今の私にとっては、なんとしても言葉を取り戻したかった。それに付随して嚥下ができるようになったらどんなにいいだろう。ほかのことはどうにでもなる。

そんな期待を込めて駒込病院に来たが、実際は失望することが多かった。まずここにはリハビリテーション科が独立していない。リハビリ科の医者はパートタイムであった。あんな有名な病院で信じられないだろうが、週一度しか専門医が来ない。人手も当然足りない。ところがリハビリを受けたい患者は目白押しである。

私の担当医は神経内科の専門医であった。親切な医師であったが、リハビリの専門医ではない。説明もされずに、ただ理学療法士と作業療法士に丸投げされた。高度の専門性を必要とするリハビリではなかった。

ここでも入院すると初めにＭＲＩを撮ることになったが、私はカポン、カポン、ポヤポヤポヤという非現実な音が聞こえ始めると、恐怖のため体を動かし助けを求めた。蒼白になって非常ボタンを押し続けたので、検査に当たった医師は驚いて救出してくれた。あの暗い思い出がよみがえり、不安で体が震えた。もういやだ。あんな検査はもう拒否する、と私は決心した。そのときも舌がよじれていた。

検査は不可能なので、さらに治療方針はあいまいになった。ある日回診に来た医師が「腕はもう動かんでしょう」と不用意にもらしたのが胸にこたえて、もう努力する気がなくなった。だが、同じ病気で回復した友人に励まされて気を取り直して、リハビリを続けた。こんな状態の患者に対して、医師は心のケアーも忘れてはならないとそのとき思った。

この病院の看護師も医師も親切だったが、診療体制には明らかに不備があった。設備の不備は患者に跳ね返ってくる。三時間待って三分診療ということが、実際に行われているのにびっくりした。誰も不満をいわない。これが有名な都立病院の実態だ。

そろそろ夏も盛りで、病室はうだるように暑い。クーラーはあるが、つけるとすぐ冷えて寒くて仕方がない。コントロールができない老朽した設備なのだ。体が不自由だからつけたり消したり頻繁にはできない。仕方がないから使わないほかはない。暑い午後など耐えることができない。焦熱地獄とはこのことだ。それがすぐ寒冷地獄に変わる。

入院してすぐにこの病院がリハビリテーション医学などあまり重視していないことに失望した。先端医療に関しては一流の評判をとっているのに。私はしゃべれないので何もいえなかった。何しろ療法士はいるが、医師は週一回しか来ない。作業療法士は一人しかいない。一人で何十人もの患者を掛け持ちで面倒を見ている。おざなりになるのも当然だ。

私は何もいわず指示に従った。腿まである長い装具をはいて、ロフストランド杖という長い杖を頼りに、ただひたすら歩く訓練だ。初めは一歩歩くのもやっとだったが、ここに入院している三カ月の間に約百五十メートル歩けるようになった。それは過酷な訓練であった。一歩歩けば二歩。それが十メートルになり三十メートルになった。それがまた少しずつ延びてゆく。苦しいが生きがいになった。

しかし私は、そのやり方に疑問を持ち始めた。私を担当した理学療法士の青年は、毎日誠実に一生懸命訓練してくれたのだが、肝心の医師は何もいわず、それが正しいのかどうか自信をもてなかった。いくら訓練室で歩けるようになっても、私は一人で手洗いにも行けないのだから、今一つ成果に結びつかなかった。それに自分で歩いたという実感がなかった。

初めての食べ物

言葉の訓練はどうだろうか。さすがに評判の言語聴覚士なのだから、訓練にも力が入った。この人に治療を受ければ、少しは良くなるだろうと思った。しかし同時にそれがあまりにも長い時間を必要とする困難な作業であることも身に染みてわかった。私はこの領域が、まだ歴史の浅い未発達の領域であることがわかった。個人の経験に依存した、科学としては未熟なものである。治療を必要とする患者は意外なほど多い。何しろ脳に障害を持った患者は、多かれ少なかれ言葉に障害を持っているのだから。

私の声は力を振り絞っても、蚊の鳴くような頼りない音に過ぎず、あいまいで言葉にはならなかった。彼女の懸命な訓練にもかかわらず私の言語能力は惨憺《さんたん》たるものだった。何しろこの二カ月の間に舌の筋肉は萎縮《いしゅく》し、ほとんど動かなくなっていることがわかった。もう言葉を取り戻すことは不可能に思えた。

それに発声の訓練は、体にこたえた。発声は全身の運動である。私の体は、声を出す筋肉運動の仕方を忘れてしまった。どうしても腹筋を使った声の出し方ができない。どうしても口先だけのささやくような声しか出ない。悪戦苦闘して一時間が過ぎると、心身ともに綿のように疲れる。これを年余にわたって続けなければならない。

しかし、私が口からものを食べる日は意外に早く来た。ここでも嚥下造影を行い、多少の危険はあるが、試みに食事をさせるという判断が下された。転院して一カ月ぐらいのことである。

食事といってもミキサーですりつぶしたどろどろのものに過ぎない。言語聴覚士の立会いの下に、一さじ恐る恐る口に含む。やっと飲み下してため息をついた。味などわからない。これが三カ月ぶりで口にした初めての食物だった。どろどろで味などない。食の喜びなんかないが、何とも知れぬどろどろの中に、ふと柚子の香りなどがすると、涙が出るほど感激した。

大丈夫だとわかって、二週間のうちに食事は粥食となった。ベッドを三十度に固定し、それに寄りかかって食う。それが一番安全な姿勢なのだ。ちょっと体を立てると気管の方に食物が流れる。命がけの食事なのだ。

どろどろの形をとどめない食事でも、口から食べるのは感激だった。心配していた味覚の障害はない。微妙な野菜の味もわかるので安心した。ときにどこかに胡麻の香りを嗅ぎ当てて、私は感激して泣いてしまった。

しかしそれは新しい苦しみの始まりだった。神経の支配を絶たれ、動かすことのなかった私の舌は筋肉が薄くなり萎《な》えてしまった。ものを口の中で自由に動かせない。咀嚼《そしゃく》が不可能なのだ。嚙《か》み合わせも変わってしまい、よく嚙めない。嚥下反射もうまく起こらないのでものが飲み込めない。

食事のたびに私は激しくむせ、一さじの粥《がゆ》を飲み込むにも苦しんだ。喉の奥の断崖に食べたものがとどまり、ためらいながら今や落ちようとする。うまく落ちればいいが、引っかかれば気管の方に迷入する。食事のうちに喉の奥がむず痒くなってくる。その後は激しいむせだ。まるで自分の肺まで吐き出そうとするように、むせ苦しむ。ちょっと間違えれば嚥下性肺炎の恐れがある。

不思議なことに、管で栄養を入れていた間は、体重は減らなかったが、口からものが食べられるようになってから急激にやせた。七十三キロあった体重は五十二キロまで減り、最後は五十四キロになった。むせるのが怖くて空腹でも食べられないからである。それにいつも糊のような灰色の食物だ。おかずは二品ついたが、みんな同じようで区別がつかない。おなかがグーグーいっても食欲が出ないはずだ。私は目を瞑《つぶ》るようにして飲み下した。

退院間近くなって、食物は細かく刻んでとろみをつけたものに変わった。「刻みとろみ食」というのだ。まだそれに変えるには私の嚥下能力は不十分だったので食事のたびに激しくむせた。

一食ごとに何度も吸引してもらう。それでも喉の奥にいらつくものが残って終日咳が出た。そのたびに肺炎の恐怖が頭を掠《かす》めた。

刻みとろみ食になっても食事が苦痛であることに変わりはなかった。それをプラスチックの食器から、左手に持ったスプーンで食べる。美味しいはずがない。私はかろうじて生き延びた。

言葉の方は依然として声が出ないままである。これでは外の世界と交流できない。ちょうどそのころ、アメリカで同時多発テロが起きた。夜寝入りばなに、テレビのニュースでこれを知った。どうも大変なことが起こっている。恐ろしい世の中になった。新聞で確かめようにも新聞が読めない。

右半身が麻痺していても、新聞くらい読めるだろうといわれるかもしれないが、それができない。ページがめくれないし押さえられない。だから本も読めない。うそだと思ったら、左手だけで新聞を読んでみたらよい。ますます外界から遠くなってしまう。私は不安になった。

もう一つの心残り

私にはもう一つ心にかかって眠れないことがあった。私の事務所に残っている遣《や》り掛けの仕事である。断れるものは全部断ったが、私が自発的に始めたことはそのまま残っていた。本にまとめたいと思っていた原稿がどうなっているか。まだ出版して間もない私の能に関する本は、もう友人に送り出したか。書きかけの原稿もあった。

もう諦めていたはずなのに、物書きの妄執とはこんなものか。実はこの思いは、しばらく前から脳裏を駆け巡っていたのだが、体が回復するにつれてますます激しくなった。

それにつれていろいろなところに書いた文章が思い出されて、今物を書けないことが悔しくてならなかった。どれもこれも一生懸命書いた。少しは私でなければ書けないことだってある。そのまま消えてしまうのが悔しかった。

考えると、一冊の本にと思って書いたエッセイがいくつかある。そのほか医学に関するものや、文学的な随想もあった。それぞれは独立して一冊の本にはならないが、全部集めれば何とかなる分量だ。

そうだあれを本にまとめよう。これからどうなるかわからないが、私が生きた証拠の一部になる。そうなるとあれもこれも惜しくなった。

早速トーキングマシンで妻に伝えた。もどかしい会話の末に、妻は私の望みを理解した。長い間私の秘書を務めてくれたYさんに電話してくれた。幸いYさんは前から初出雑誌のコピーを整理していた。それを集めて、以前から私の本を出版してくれて顔なじみの、朝日新聞出版部に相談してくれるといった。

それにしてもこの不況で、売れる見込みのない私の本など出してくれるだろうか。Yさんの努力で、編集会議のオーケーが出たのは一カ月後だった。これで本が出る。私はこのニュースを妻から聞くと、まるで生き返ったように元気になった。

題名は、もはや取り返すことができない過去の思い出となってしまった記録として、「懐かしい日々の想い」とすることに決まった。一つの目標はできた。果たして出版まで持っていけるか、それより生きながらえることができようか。希望とともに不安が去来した。

麻痺とは何か

半身麻痺といえば、通常は筋肉の運動麻痺のことを指している。運動神経がやられたのだから、随意運動ができないのはもちろんだが、そのほかにいろいろの障害が起きる。感覚までやられると、体のその部分は存在しないに等しい。

麻痺が起こると、筋肉の力が入らないのかといえば、そうではない。体はだらりとしているわけではなくていつも緊張している。力を抜くことの方が難しい（痙性麻痺《けいせいまひ》）。

痙性麻痺という言葉通り、筋肉に無駄な力が入ってどうにもならないのである。一般に屈筋のほうが優位なので、四肢は曲がったまま伸びない。内転筋、内旋筋《ないせんきん》が優位になるので体はいつも内側に曲がる。麻痺が古くなって、腕が折れ曲がったような形に固定されているのはそのためである。悪化すれば廃用症候群になって、麻痺側は重荷になるばかりか、いろいろな障害で患者を苦しめる。

腕ばかりではない。足も折れ曲がり、伸ばすことが難しい。歩くためにはこの緊張を解かなければならない。それが難しいのだ。足の指が折れ曲がり、地面にこすられるようにつく。手は曲がった指が、ぎゅっと握り締めるので、爪が手の平に食い込んでしまうほどだ。それが持続的になると、手を開かせるのが不可能になる。それだけは避けたいと、日夜無理に健常な方の手で麻痺した指を無理やり開く努力をしなくてはならない。

例外は足首である。足の甲は伸びたままになる。だから麻痺の患者は足首を曲げられず、足先がとがったようになる。いわゆる尖足《せんそく》である。だから足首を曲げた形で固定する装具をつけないと歩けない。はずせば足は伸びたままになり、足を運ぶことはできない。

結果は、痙性によって、脚は突っ張ったままで、関節を自由に動かすことができないため、たとえ歩けたとしても、木偶《でく》のようにぎごちない。

この筋肉のつっぱりは、自分ではどうにもならない。ほかのことで精神が緊張すると強くなる。たとえば、怒りとかあわてるとかのときは、ぎゅっと硬くなる。そのほかあくび、咳、小便などのときは腕がぎゅっと固まってしまう。まことに不快なものである。

それを伸ばそうと、動く方の腕で、麻痺した腕を摑んで伸ばそうとするがなかなか伸びない。自分の腕と悪戦苦闘するときもある。われながらこっけいだ。ベルグソンが「笑いの研究」の中で、笑いの対象は、人間的なものに機械的なものが張りついたものといっているのを思い出したが、まさにそうである。このつっぱりは、理学療法士のストレッチで軽減してもらわなければ、拘縮《こうしゅく》して突っ張ったままになってしまう。

麻痺した手足は驚くほど重い。毎日これをぶら下げて歩くのだ。杖で歩けるようになっても、足が出ないときはまるで足が地面に五寸釘で打ちつけられたような気がする。

そのくせ湯船に入ると、頼りなくぷかぷか浮いてしまう。咳をしても固まる。訓練の途中では咳もできない。寝床の中では、軽い夏蒲団しかかけていないにもかかわらず、鉛のように重く感ずるし、腕は突っ張ったまま動かない。腕の置き場所に困るのだ。私は自分の腕を、初めて無用の長物で、邪魔になるばかりだと思った。

私の腕は自分の胸を締めつける。苦しくて腕がなかったらと思うことさえある。だから、麻痺は動かないといった生易しい苦しみではないのだ。それにこれから一生つき合わなければならない。

食べるということ

ミキサーで砕いたり、細かく刻んでとろみをつけた、どろどろした食べ物は、入院中ずっと続いた。初めは感激して食べていたが、すぐに飽きてしまう。

それだけではない。食後一時間くらいは、気管に迷入したものによる咳と痰に悩まされる。咳払いができないから、いつまでも胸の奥でずるずるいっている。肺炎の恐怖で何とか排出しようとするができない。だから食事は訓練が始まる少なくとも一時間前に終わっていなければならない。おちおち食べている暇はないのだ。

もし食物を飲み損ねて胸でずるずるいっているときは、目をつぶって待っているか、気を紛らわすために、テレビの前で待つ。もちろん何をやっているかは問題でない。運がよければついには咳とともに大量の痰が出てケロリと楽になる。でも運が悪いと苦しみは二、三時間は続く。その間は、祈るような気持ちでひたすら待たなければならない。食うということがこんなに大変なことかを思い知った。

解剖の本を開いて、飲み込むために必要な筋肉と神経を調べたが、複雑すぎてわからない。私たちはこんなに複雑な機構を駆使して、ものを食べていたのだ。摂食というあまりにありふれた行動が、これほど複雑な神経支配と沢山の筋肉の共同作業で行われていることの発見は、生命の神秘にさえ見えた。

同時に、こんなところまで壊れてしまったとは、機械としての人間がもう用をなさなくなったと絶望した。同じことは発音、発声、構音にもいえる。私は原音は作れるが、それを加工して言葉にすることができない。いままで当然のこととして会話していたのが、やはり多くの筋肉が、異なった神経によって動かされ、しかも感情の赴くままに声になっていたのだ。生命活動はこうして統合されて一つの行動になる。大変なことだ。

リハビリテーションの医学

ここでリハビリについて考えておこう。リハビリには三つのカテゴリーがある。歩く練習を中心にした運動の訓練、Physical therapy（PT）と、日常の仕事を中心とした訓練 Occupational therapy（OT）と言語療法 Speech therapy（ST）である。この三つがなければリハビリとはいえない。アメリカではその三つがうまく機能するように、リハビリテーション医学が独立した臨床科学として成立している。

しかし、日本では整形外科が中心となったリハビリテーション医学が、最近まで主流となっていたため、言語療法などは重視されなかった。ごく最近まで、整形外科的な病気、骨折後のケアーとかリウマチの手足の機能回復などマッサージに毛の生えたようなリハビリが主であった。

東京大学でも、リハビリテーション科が独立したのはごく最近である。それもPT、OTだけでSTはまだない。

その他の国立大学でも、事情は似たようなものである。むしろ一部の私立大学で、先見性のあるリハビリテーション医学が実現している。理由は、この医学が、地味な努力の積み重ねで成り立つので、古い体制を打破する力になりにくかったからであろう。外科や一部の内科のように派手な科目ではないし、病院の収入源にもなりにくい。一部の教官を除いて、リハビリの重要性に気づいているものは少なかったし、要請する声も低かった。大学の概算要求にも出た記憶がない。私も、教授会で、そんな現状にあるとは知らずに過ごした。

一般市中病院では、一部優れた設備と高邁《こうまい》な理想で高度の治療が行われてはいるが、それは例外的なもので、一般の医療機関で水準の高いリハビリテーション治療を受けることは難しい。リハビリは、まだ正当な世間の理解を受けるにいたっていない。

しかし、リハビリは現在の医療の中でますます重視されるようになってきた。脳血管障害の患者の数は年々増加しているし、彼らを社会復帰させることは、医療費抑制の面からも大きなメリットとなっている。実際、リハビリを充実させてから、患者の入院期間が大幅に減って、医療費が削減されたという事実がある。それなのにまだリハビリが認知されないというのは、この領域の声が健常者には他人事のように聞こえて、一般の人には理解されていないからである。

行政も、長い期間、人手だけかかってコストに見合わない治療を支援するという考えはまったくない。都立の大きな病院、たとえば駒込病院などは専門の医師もいないし、OT、PTの療法士の数も明らかに少ないし、レベルも低い。それは病院当局がリハビリに力を入れていないし、当局に要求もしていないからである。実際、ここのOTでは、一人の療法士が全部の入院患者の訓練に当たっていた。充実した治療ができないのは当然である。

それに、療法士の自己研鑽の時間がないのが現状である。毎日何十人もの患者を掛け持ちで訓練し、休む暇もない。優秀な療法士は、近頃雨後の筍のように増えた福祉関係の学校に引き抜かれる。どんなに経験を積んでも、プロモーションの機会は多くない。天職としてこの困難な仕事を選んでも、先行きに希望をもてなくなる。

その最も明らかなものは、言語療法（ST）である。STの扱う範囲は広い。どんな麻痺でも言葉のもつれは必ずある。それを治療するのは患者の社会復帰には不可欠のことである。そのうえ私のような重度の言語障害や、脳の言語野に障害を負った失語症の治療は命にかかわる大切な医療である。

STは療法士の数も少なく、学問としても一番完成度が低い。特に失語症や、私のような重度の構音障害に対しては、症状の個別性が高くマニュアル的な治療法はない。言語聴覚士の経験に頼るほかない。

経験と一言でいうが、一例一例違うのを学問的に積み上げた貴重な経験だ。誰にでもシェアーできるわけではない。しかも大脳生理学も学ばねばならないし、発声、嚥下の生理学、さらに首や発声器官の解剖学、喉の反射等について通暁しなければならない。最も困難な療法士である。さらに、障害を持った患者の食生活にいたるまで、しっかりと指導しなければならない。その一例一例を熱心に学問的に積み上げる努力が必要なのだ。そういう技術者なのだ。養成するにも時間がかかる。

それにもかかわらず、その処遇は今でも最もひどい。一対一の辛抱強い訓練、それに必要な時間数は健康保険で認められていない。保険の点数だって最近までは、ほかの理学療法に比べたらはるかに低く設定されていた。人材不足になるのは当然のことだ。こういう技術者をどう評価し育てていくかが今問われているが、行政に声が届くまでには時間がかかるだろう。

転院前夜

こんなことを考えているうちに、駒込病院での三カ月の期間が過ぎた。私は依然として一言もしゃべれず、トイレにも一人では行けない。昼間から尿瓶《しびん》のお世話になっていた。行動範囲はますます小さくなった。金沢のように夕日を見ることなどできないし、町の中に出て行くわけにもいかない。ただひたすらベッドに横たわって、リハビリの時間を待つばかりだ。学生時代の友人が、ステレオのセットを一式運んでくれた。一緒に持ってきてくれた、ドボルザークのチェロ協奏曲を繰り返し聴いた。

妻は自宅から、毎日朝は七時から夜十一時まで通って、看護に当たった。ここでは付き添いが泊まることは許されない。帰りの消灯時間が来るのがたまらなく淋しかった。

時々妻が車椅子を押して、十分ほど散歩に連れて行ってくれた。それが唯一の娑婆《しゃば》と接触する機会だった。久しぶりの東京は、ものめずらしいことに包まれていたが、私にはまだ興味を持つことができなかった。真夏の炎天下に重い車椅子を押して、町の賑わいを見せてくれた妻に、感謝の言葉をかけたかったが、それさえできない自分を責めた。

しかし九月十一日の夜、看護師が「どうも大変なことが起きているようですよ」と部屋のテレビをつけてくれた。

アメリカの同時多発テロ事件であった。その報道は、病床で聞いても恐ろしかった。私も行ったことのある美しい姿のビルが、一瞬の間に黒い煙を上げて崩れさったのが、何度も放映された。それは幾日もの間、悪夢のように私に覆いかぶさっていた。あらゆる邪悪な意志のようなものが、ウサマ・ビンラディンという名を借りて、黒煙のように今立ち上がろうとしているように見えた。

それまでは、自分の病気以外何も考えられなかったが、この事件は、自分がいる世界というものが存在していることを、そして他者というものが存在していることを、はっきりと教えてくれた。私はどうなるかわからないが、世界の問題はずっと続いている。自分のことだけ考えてはいけない。私はそう思って、この事件がどういうインパクトを持っているかを考えようとした。

そのほかは、毎日が単調なリハビリの繰り返しだった。これではいけない、と思いながらも、毎日は過ぎていった。

リハビリは腿まである長い装具をつけて、ただひたすら歩く距離を延ばそうとしているだけだった。初めは一歩歩くのにも苦心惨憺《さんたん》だったのが、そのうち二十メートル、五十メートルと長くなっていった。担当の理学療法士の青年も一生懸命だった。親切に指導してくれたが、肝心の専門医がいないのだ。どうしても機械的になる。

私はそのやり方に疑問を感じるようになった。百メートルは歩けるのに、私はまだ一人で手洗いにも行けず毎日ベッドに張りついたままだ。装具に包まれた脚の筋肉が萎えてゆくように思われた。後で述べるように、科学のないリハビリは、百害あって一利無しなのである。私はひたすら歩行距離を延ばすために毎日歩く練習に明け暮れた。

言葉はまだしゃべれない。思ったほど訓練の成果は上がらなかった。それでもレッスンの間は希望が出て、いつかは言葉を回復してやろうと単調なレッスンに一生懸命だった。

このころやっと、あんなに嫌っていたMRIの検査を受けることができた。もう密室のベッドに寝かされても恐怖はなくなっていた。検査の結果は両側の脳幹に近い梗塞巣があった。しかし奇蹟的に他の動脈には変化は見られず、当面は心配すべき再発の危険はないことがわかった。一安心だ。

隅田川

成果が今一つ上がらぬままに、三カ月がたってしまった。都立病院では入院期間は、治ろうと治るまいと最大三カ月と決められていた。それは今の医療制度では普通のことである。私がフルに三カ月いられたのは、多少のコネがあったからである。

最後の望みを賭けて転院することにした。行き先は、東京都リハビリテーション病院（都リハ）である。約一カ月待たされた末のことだ。どこの病院でもリハビリを待つ患者があふれていることを初めて知った。それは時間も手間もかかる割に収入にならぬ、リハビリの患者を受け入れてくれないからである。

この病院は、隅田川のほとりに立つリハビリ専門の病院である。昔、梅若橋があったところ、能の「隅田川」の舞台になった所である。近くに梅若丸の塚のある木母寺《もくぼじ》もある。

九月も半ばに近い、ある晴れた秋の日、私は車に乗せられ言問橋《こといばし》を渡った。車の中から隅田川が見えた。自分がこうして生きているのが、不思議なことのように思えた。東京の街の賑わいは、自分とは別世界のようだった。

私は謡曲の「隅田川」を思い出して、声のない謡を口ずさんだ。都北白川《きたしらかわ》に住む女が、わが子を尋ねて、狂女となって隅田川までやってくる能である。しかしわが子はすでにこの世のものではない。能の「隅田川」では、「尋ぬる心の果てやらん、武蔵《むさし》の国と、下総《しもつさ》の中にある、隅田川」と謡《うた》われている。きっと荒涼とした風景が広がっていたのだろう。

能の中では、はるばるここまで来た母親が、都からの長旅を思って「思へば限りなく、遠くも来ぬるものかな」と、笠に手をやって、遠くを見やる場面がある。有名な都鳥《みやこどり》の段である。私は金沢から駒込へ、そして今この都リハまでの、五カ月に及ぶ旅のことを思って感慨にふけった。

東京都リハビリテーション病院

私の担当医は、まだ若い女医であった。楽天的で、患者の良い味方になると私は直感した。初診を受けたとき、装具もつけてない私を支えながら立たせて、「一歩歩いて御覧なさい」と歩かせた。もちろん歩けるはずなどない。しかし、驚いたことに足が前に一歩動いたのだ。すぐに倒れそうになって、両側から支えられて踏みとどまった。麻痺した側の足が、内側に曲がってもつれて不安定だったが、それでも足が前に出たのに、私は内心びっくりした。うまくは歩けないが、動くことは動くのだ。私はひそかに希望を持った。

この病院は外見こそ立派だったが、お世辞にも快適とはいえなかった。病室は貧弱で四畳半くらいしかなく、テレビも冷蔵庫もなかった。もちろんトイレは共同である。ベッドは電動でさえなかったので、わがままをいって替えてもらった。初めは、食堂で患者が共同で食事をとるというので、試してはみたが、嚥下障害のある私にはとても無理だと、病室に運んでもらうことにした。飲み込みの遅い私は、みんなが終わってもまだ半分も食べられない。トイレは、共同のトイレに車椅子で行く。まだ人の手を借りなければ立ち上がれなかったが、私にとっては新しいチャレンジだった。

この病院では、昼間はパジャマを着ていてはいけない。いわゆるトレーナーに着替えることが義務づけられた。今までの病院とはまったく違う。あれやこれやで、入院早々は戸惑うことが多かったが、みんな理由のあることだった。リハビリを受ける人は、いわゆる病人ではないという認識があるのだ。本当の病気はもう過去のものだ。私はその後遺症と闘っているのだ。それからどう立ち直るかという訓練なのだ。これは新しい病気の認識だった。

こうして新しい病院生活が始まった。ここに入院している患者は、みんな私と同じような障害を持った人である。若い人も年取った人もいる。症状の重い人、半身不随の人、下半身だけ動かない人、足がよじれている人、片足のない人など、あらゆる障害者が車椅子に乗ってぞろぞろ移動しているのは、初めての人には異様に感じられるだろう。ここでは社会の名声も肩書きも、職業も年齢も関係なく、患者の何々さんと呼ばれる。東京大学名誉教授などもちろん通用しない。

車椅子の行列を眺めていると、私と同じように脳血管障害で麻痺を起こした人が多いのに気づく。みんな深い悩みにとらわれているのがわかる。突然人生を断ち切られ、一度は死の淵に立った人間の顔だ。鬼気迫るところがあるのは当然だ。

朝七時になると彼らが列を成して食堂に急ぐ。重い車椅子をこぎながら、なだれのように一堂に集まる。私はそれにさえ加われない。トイレも時間帯によってはいっぱいになる。私は、禁止されている尿瓶を使って用を済ます。しかしこれも訓練の一部なのだから、慣れなければならない。私は個室だったが、部屋にはお湯も出ない。寒い朝など、室温で温まった水が出終わらないうちに顔を洗い、歯を磨く。これが日本のリハビリ専門の病院なのだ。アメリカは入院料が高いとはいうが、人間の住生活の基本だけは守っている。私は差額を払っているのだ。せめて人間らしい生活を送りたいものだ。

初めのうちは、テレビも冷蔵庫もなかった。喜びというものを、完全に奪われたこの病院の生活にはとても順応できないと思った。車椅子の患者の行列を見ていると、何もかも奪われて服従を強いられ、従順になった羊の群れのように見えて切なかった。

私はルール違反を承知で、まず小型の冷蔵庫を買い、次いで液晶テレビ、ステレオセットなどをそろえ、人間らしく暮らすために最小限必要なものをセットしてしまった。何しろいつ退院できるかわからない慢性の病だ。私の場合は個室だから、気兼ねせずにできた。文句があるならいってみろ。そのときは対決するつもりだった。幸い誰からも苦情は出なかった。

看護師も、他の病院のように一人ひとりの患者の個人的な悩みには介入しないようにしているらしい。それはそうだろう。みんな解決法のない、癒しがたい傷を抱えているのだから。

病院での生活

思えば、私はもう半年以上も、訓練の時間を除けば、ベッドにくぎづけになっていた。寝巻きのまま人と会ったり、車椅子で出歩いたりしてきた。全く病人のままである。

ここへ来て初めて、朝起きたら洋服を着替え、若者のようなトレーナーに身を包み、ズボンをはいて訓練の時間を待つ。それだけでも気分は変わる。自分は病人ではないという気持ちになる。とはいえ、この病院での生活が快適であったということではない。私はまだ嚥下障害があり、食事が苦痛だった。ここでも嚥下造影をしたが、体を四十五度にしても飲み込めずに、造影剤は気管の方に入ってしまう。すぐに吸引しても、むせて咳き込む。

妻が来る前に朝食が出る。ゆるい一椀のお粥だが全部は食べられない。むせがひどいときには看護師を呼んで、吸引してもらう。それを待っている時間は地獄である。「ちょっと待ってください」といって、なかなか来ないときは、死ぬかと思う。食事もおしまい頃になると、舌が疲れて奥に送り込めない。いつまでも舌の上で動かないお粥が、どうしても飲み込めない。「どこまで続く泥濘《ぬかるみ》ぞ」という軍歌を思い出したりした。

もう晩秋に近く日脚は速い。朝は日の出るのが遅いので、朝食の頃はまだ暗い。冬になると、窓から見える高速道路に車がぽつぽつ走り始めるのが見える。こんなに早く起きるのは、学生時代以来である。

訓練の時間までに朝食を終わって、喉の痰をきれいにしておかなければならない。食後二時間は必要だ。薄暗がりの病室のベッドで、目を半眼に開いて、むせながらお粥と格闘している自分を、醒めた眼で見ているもう一人の自分が哀れんだりした。

待っていた妻は九時きっかりに来る。本郷から電車を乗り継いで毎日通ってくれた。訓練に間に合うように電車を乗り継いでくるのだ。感謝のほかはない。

さあ戦闘開始だ。私は車椅子の上で身構える。午前は理学療法、歩く練習だ。練習の間に課せられたマット運動に汗を流して、妻が用意してくれた佃煮やコロッケで、またむせながらお昼をとると、もう午後の訓練の時間が迫っている。作業療法と言語療法である。急いで身支度をする。週に二回は入浴もある。午後の訓練が終わると、ぐったりと疲れてしまう。

その時間には、お見舞いの来客がある。こんな体で一言もしゃべれないのに、必ず毎週来てくれる友人たちにどんな感謝の言葉をささげたらいいのだろうか。しゃべれないことがどんなに悲しいことなのか、そのとき最も身にしみて感じた。

妻は就寝までつき合ってから帰る。その時間までが私にとって一番心休まるときだ。テレビをみたり雑談を聞いたり、時には娘も加わって私の人間らしいときが、あっという間に過ぎてしまう。

家族が帰ってしまうと、また病院の灰色の時間が待っている。頂いたステレオを聞きながら、眠ってしまう。毎日これの繰り返しである。

訓練室

理学療法の訓練室へ初めてきた人は、その光景に目を見張るに違いない。そこに広がる光景はまるでサーカスの訓練室のようだ。みんなトレーナーのようなはでなシャツを着て、スポーツジムに来たようでもある。

赤や青のボール投げをしているもの、速足で歩いているもの、それをゆっくりと追うもの、マットの上で手を上げているもの、広い天井の高い体育館のような部屋の中は、スポーツマンの汗と息でむせかえっている。ただ違っているところは、スポーツ選手のように頑健な青年ではなく、みんな肢体に障害を持った中高年の人ばかりである。

それが必死になって、マット運動や床運動に汗を流している。歯を食いしばって耐えている人、足が絡まって転倒するのをかろうじて支えている人、紙おむつを落としそうにしている人などいろいろある。いつも二、三十人の人が訓練を受けていた。

理学療法士は二十人もいるだろうか。一人の療法士が常時三、四人の患者を受け持っている。だからきちんとアテンドしてもらえるのは一日二、三十分に過ぎない。残りは自発練習だ。手を上にあげたり、寝返りを打つ練習をしたり、お尻を上げてブリッジをしたりしているのは自主訓練をしている人たちだ。

理学療法士は、患者の間をめぐって手を貸したり指示を出したりしている。一人として同じ症状の患者はいないから、全くの個別指導になる。だから自分の番が回ってきたら、必死になって訓練を受ける。一分だって無駄にできない。

こうして単調なはずの訓練室は、患者たちの必死のため息で熱くなっている。私はこの病院に来たことを喜んだ。何とか耐え抜いてやるぞと思って、希望に胸を膨らませた。

訓練開始

いよいよリハビリの訓練が開始された。訓練は朝九時から始まる。期待したように、今までのやり方とはちがった。私の担当の理学療法士のKさんはまだ若い女性だったが、てきぱきと病歴を取って、訓練の計画を決めた。

担当医は、理学療法士たちと頻繁に症例検討会をもって、訓練を処方する。誤っていれば、観察の上で直す。

私は、ここで初めてリハビリは科学であることを理解した。漫然と訓練を重ねるのとまったく違う。実際の経験によって作り出され、その積み重ねの上に理論を構築した、貴重な医学なのだ。私が医学生のころはなかった新しい学問である。

科学といったのは、たとえばどの動作にはどの筋肉が有効な収縮をするのか、麻痺した筋肉に、どうすれば刺激を入れることができるかを、解剖学的、生理学的な知識をもとに徹底的に解明する。使えない筋肉はどの筋肉か、それを代償できる筋肉はどれか。それを有効に使う方法、などの知識が要求される。たとえば麻痺側ではなくて、反対側の運動を起こさせることによって、麻痺した筋肉に予想を超えた運動を誘発したりする。

優秀な療法士は、合理的な指導や科学的な裏づけのもとに、あらゆるトリックを駆使して、不可能だった運動を可能にする。目的を知悉《ちしつ》した、熱意のある訓練が必要なのだ。

駒込病院で受けたように、いたずらに歩行距離だけを競って、長い装具のまま訓練を繰り返していたのとは大違いだった。事実、長い装具に頼ってしまった、私の脚の筋肉は萎縮してしまい、装具を替えると歩けなくなってしまったようだ。科学のないリハビリは、百害あって一利無しといったのはこれである。

その点この病院の理学療法士は、優秀だった。私を担当したKさんも、まだ若かったが、リハビリの基本を熟知し、筋肉の解剖学はもとより、筋肉の運動生理学を知悉していることが言葉のはしばしからもわかった。こうしたプロの名をはずかしめない療法士につかなければ、機能回復はおぼつかない。そういうノウハウが医師ではなく、技術者の手に蓄積されていることは心強い。

私はここで初めて、腿まである長い装具から解放された。ある日突然、Kさんに「短くしましょう」といわれ、装具の上半分をはずされた。冗談だと思った。とうていそれで歩くことなど無理だと思った。

果たして一歩も歩けない。私は再び元通り平行棒の間で、悪戦苦闘しなければならなかった。そのほか、マットで腰を上げたり寝返りを打つ単調な運動が主になったが、もしこれで歩けたらというかすかな希望が私を勇気づけた。

初めての一歩

平行棒の間では何とか移動することができたが、そこから出るともう駄目だった。右足は伸びずに、左足一本で立っている。これでは支え無しには立てない。

Kさんは、へっぴり腰で立っている私に、厳しく注意する。「多田さん、体を引き上げて大臀筋に力を入れて……」とか、「小臀筋に力を入れて、遠心性収縮を忘れないで」とか、なかなかうるさい。でも理論的にいわれるので、私などにはよくわかる。短い訓練時間を無駄にしないように、私は汗を惜しまなかった。毎日のマット運動で、体中の筋肉が痛かった。

しかし一向に歩けるようにはならない。私の脚の大腿四頭筋も大臀筋も、萎えたようにまったく緊張を失っていた。こんなことでは歩けない。毎日同じことの繰り返しに、絶望しかけたときのことだ。もう訓練を始めて一カ月半もたった頃である。金沢でいわれた半年の期限は過ぎてしまった。

しかしその日は違っていた。いつものように、平行棒の間でもがいて立ち上がろうとすると、不思議な力が私を貫いた。大臀筋が緊張して、突然右脚が伸びた。そう思う間もなく、大腿四頭筋も腓腹筋《ひふくきん》もピンと張り切って、床を蹴っていた。ゆっくりと一歩を踏み出し、そして歩いた。私が半年振りで、自分の足で地上を歩いた一歩であった。

あの巨人が目覚めたのだ。あの鈍重な巨人が、ようやく一歩歩き出したのだ。涙が両眼にあふれて、何も見えなくなった。

リハビリの姿

とにかく一歩歩いた。昨日までの自分とは違う自分が生まれたのだ。そう思って、私は涙が頬を伝うのをぬぐおうとしなかった。私にとっては記念すべき日になった。その夜は何度も反芻《はんすう》して、新しく目覚めた感覚を思い出そうとした。自信はなかったが、それは夢ではなかった。本当なのだ。

翌日は早く起きて、また今日こそはと身構える。

一歩歩くことに成功したからといって、それがすぐさまいつでも歩けるというものではない。二歩目が歩けるようになるには、まだ長い熟成期間が必要だった。

一歩歩いたという感触を確かめながら平行棒の間を歩こうとする。初めは一度覚えたはずの筋肉の感覚が戻ってこない。あの筋肉だといわれたではないかと、思い出そうとしても、体の方は思い出してくれない。何度も転びかけているうちに、ようやく体で覚えることができ、一歩歩くのが確実になる。Kさんについてもらって、一歩一歩掛け声をかけてもらってよたよたと歩くが、平行棒の外に出れば立つことだってままならない。何度転びそうになったことであろうか。療法士の叱正《しっせい》の声が飛ぶ。

しかしそうやって一歩が二歩、二歩が三歩というように歩数が延びる。もちろん療法士の厳重なつき添いのもとにである。Kさんが離れれば、歩みは不安定になって足がもつれ転びそうになる。あまりに不安定なのでますます自信をなくして、諦めようと思ったこともあった。しかし思い直して、文字盤を使って「見捨てないで」とKさんに懇願した。そのくらい悲壮だった。

Kさんはそんなことには頓着なしに、新しい課題を次々に出した。マットにひざ立ちになって体を保つことや、片足を組んで尻を上げていわゆるブリッジをすることなど、どれも半身不随の私には拷問のようなものだった。でも、一つひとつ納得のいく説明と、有無をいわせぬ実習に私は従うほかなかった。いつの間にか私は、介助されながらも訓練室を一周していた。五十メートルも歩いたことになる。

そうはいっても、一足ごとに足はもつれ、体はがくがくと不安定に歩くのが精一杯だった。両足は交差しがちで、ときにはもつれて元に戻らない。薄氷を踏むというのはこのことだ。

それを繰り返していたある日、Kさんがすうっと手を離し、私のところからいなくなった。不安で身がすくむ思いだった。しかし、介助なしで自分が歩いていると知ったとき、私は新しい経験をしたと感じた。それは空中を歩いているような、不思議な感じだった。

このときから、私は確実に歩いて移動していることを信じるようになった。たとえ五十メートルであろうと、もう車椅子だけが自分の世界ではなかった。よたよたと頼りなく、時には倒れそうになって、危うくKさんに助けられたこともあったが、私は歩いていた。まだ歩く初心者だから、下手でぎごちなかったが、もう歩けないとはいえない。いつかはもっとよく歩ける、たとえ右足は萎えたままでも、自分の足で地面を踏みしめて歩いてみせると、私は祈るような気持ちで信じた。

歩くということ

なぜ歩くことにこうもこだわるのだろうか。自分は障害者である。どうしても車椅子からは自由になれない。そうだとしたら、歩けなくてもいいではないか。もう半年も一歩も歩かずに生きてきた。歩くのを諦めたって生きていける。

苦しいリハビリを毎日しなくても、ほかに快適な生き方があるはずだ。電動車椅子に乗って動けばいいのだ、と思う人がいると思うが、そうではないのだ。どんなに苦しくても、みんなリハビリに精を出して歩く訓練をしている。なぜだろうか。

それは人間というものが歩く動物であるからだ。直立二足歩行という独自の移動法を発見した人類にとっては、歩くということは特別の意味を持っている。

四百万年前人類とチンパンジーが分かれたとき、人は二足歩行という移動法を選んだ。それによって重い脳を支え、両手を自由に使えるようになった。この二つの活動は互いに相乗的に働き進化を加速させた。歩くというのは人間の条件なのだ。だから歩けないというのは、それだけで人間失格なのだ。

その証拠に車椅子で町へ出てみよう。すべては人間が立った目線から眺めるようにできている。マーケットへ行っても、飾られた商品は車椅子からは見えにくい。下に並べられた魅力のないものばかりが眼に入る。町では人の顔さえも見る機会がない。

ある日散歩の途中、交差点で信号待ちをしているとき、ためしに支えてもらい立たせてもらった。立って眺めた町の風景が、車椅子で見るのと、なんと違って見えたことか。私は立ったまま、その懐かしい風景に見入った。

思えば私たちは歩く目線で、地上にいろいろなものを作ってきた。看板一つでもそうだ。車椅子に乗ったままだと見落とすような看板が、立ってみればはっきりと眼に入る。家のつくり、道路標識、商店、みんな立って見なければ見えない。車椅子の生活が味気ないのはそのためである。

作業療法と言語療法

理学療法と並んで重視されているのは、作業療法である。軽い麻痺や運動障害などでは、手の訓練のために作業療法が課せられる。私にはこれが一番遅れているように思えた。

簡単な輪投げやパズル、手芸や陶芸、習字や絵画など手を使う作業を通して、手の運動機能を回復させる療法である。日常の生活訓練もこれに入る。

しかし私のような重度の障害に対する方法論は、まだ確立されていないように私には思えた。実際にやっているのは、子供だましのようなナンセンスなパズルや、単調な作業が主である。治療に直接つながるような優れた作業療法はなかった。

これが必要不可欠なものとは到底思えない。駒込病院でもそうだったが、もっと工夫が必要だと思った。それを必要とする症例があることは確かであるが、一律にそれを課するというのはどうかと思った。そういう適応を考えるのが、リハビリテーション医学の仕事ではないか。

それより私のような重度の麻痺では、マッサージなどの理学療法のほうがどれだけ助けになるかわからない。針灸とか、ロルフィング（マッサージの一種）など、もっといい方法がいろいろある。今後のリハビリの課題ではないだろうか。

では言語のほうはどうだろうか。

声はまだいっこうに出ない。毎日練習しているのに、喉の奥から絞り出すように母音を発音できるだけだ。中でも「え」の音は難しい。根気よく指導してくれる言語聴覚士の女性について練習している間に、「一度記録しておきましょう」と、テープに入れたのを聞いてびっくりした。

なんというおぞましい声であろうか。あれが自分の声とは到底思えなかった。

そうか、あれは自分の声ではないのだ。新しく生まれる巨人の声、まだしゃべれない巨人が苦しみの声を上げているのだ。私は、耳慣れぬ声を確かめるように何度も聞いた。到底理解できない言葉を発している巨人を私はいとおしんだ。彼がしゃべり始めるのはいつであろうか。

それにしても、言語聴覚士の一般的レベルは低いといってよいだろう。金沢、駒込を通じて、親切に指導してくれた彼女たちには申し訳ないが、私がはっと眼を見開くような指導を受けたのは、ずっと後、都立大塚病院のMさんに出会うまでなかった。

本当のスペシャリストとして、この困難な領域で生きる覚悟は、マニュアルに頼ることではできないはずである。大切な領域であるにもかかわらず人材育成の努力が足りない。

初めてのお正月

長い冬に入って、歩行の学校の卒業のときが迫っていた。お正月は自宅で過ごせるようにと、一時退院の計画が立てられた。自宅には帰れないので、急遽《きゅうきょ》マンションを購入する計画が立てられ、妻はマンション探しに奔走した。幸い自宅の近くに新築のバリアーフリーで2LDKという貸しマンションを妻が見つけて、早速契約してきた。住み慣れた自宅は、玄関に階段があるというだけで見捨てることになった。

バリアーフリーといっても、玄関の上がりかまちは十五センチあるし、手洗いと風呂場にそれぞれ十センチの段差がある。しかしそれ以上の贅沢はいえない。トイレに手すりをつけ、トイレのドアは取り払ったが、それ以上の改造は許されなかった。借り手は日本では弱い立場にあった。

絵をかけるための釘さえ打てないし、時計も壁掛けは駄目だった。

しかし、東向きの居間は明るかったし、南に少しばかり庭のようなベランダがあった。その向こうは、他人の家ながら広い庭園で、高い槐《えんじゅ》の木が枝を広げていた。部屋は九階建ての二階にあるので、障害を持つ私には好都合だった。それに自宅に近いので、仕事部屋を借りたと思えばそれで良かったのだ。

いよいよお正月が来た。私は入院以来初めて家に帰った。真新しい新居のマンションである。お正月を家で暮らせるとは、夢のようだった。三十日の夜、荷物一式を抱えて娘の車で家に帰った。家は温かい空気に包まれ、病院の消毒液くさいつめたい感じとは一変していた。一夜明けて、それが実感されたときは、どうしようもない幸福感に満たされた。

お正月にはゆっくりと起きだし、げほげほと咳き込みながらも屠蘇《とそ》を祝った。もちろんとろみ剤でどろどろにしたやつである。雑煮は無理なのでお汁だけ、友達が差し入れてくれたお節《せち》に、日本の正月を満喫したが、到底食べられぬ美しい贈り物だった。三が日は夢のように過ぎた。息子が一歳になりかかった孫を連れてやってきたが、抱いてやることもできない。娘夫婦が二組来て、家はにわかに賑やかになった。友達が見舞いがてらやって来たり、昔の教え子が奥さんをつれて年始に来る。長い間大学の教師をしていたので、お客には事欠かない。

その上、趣味でやっていたお能の関係のお客様もある。ひときわ華やいだ雰囲気の若い能楽師の声が途切れると、少し歩行の訓練などをする。一日でも休むと退歩してしまう。

心配していたトイレや風呂も、何とかできるようになった。しかし十センチの段差はつらかった。毎回薄氷を踏む思いである。こけそうになって、何度そばにあった棚に救われたことだろう。装具を取ってしまうと、一歩も歩けない。湯船には妻の介助がないと入れない。体を洗ってもらうのも、ひげを剃ってもらうのも、みんな妻任せだ。湯船から出してもらって露をぬぐって寝巻きに着替えるまで、みんな人の手を借りなければならない。私は、これから続くであろうこんな毎日を思って憂鬱になった。

希　望

でも家に帰れたということは、私に一つの希望をもたらした。いつかは退院して家で暮らせる。思ってもみなかったことだ。一生病院で暮らすことになること以外、想像したこともなかったが、退院して自分の家での生活がある。それはまったく別の世界だった。本当にできるのだろうか。

できる、と思ったところで、それ以上考えが広がらない。転倒して病院へ逆戻りすることや、再発してもう駄目だとさじを投げられることだけが頭を掠《かす》める。

こうして初めてのお正月の外泊は終わった。娘の車に乗せられて、一月四日には再び隅田川に架かった白鬚橋《しらひげばし》を渡り、うそ寒い病院に戻った。

病院では、いつものように厳しいリハビリが待っている。まるで奴隷のように追い回される毎日、規則に縛られた日常。でも、今までとは違う勇気が私を支えているように思った。希望である。数日間家に帰って持ってきたものといえば、ただあの漠然とした希望である。まだ形にはならないが、いつかは家に戻って人間らしい生活ができるというかすかな希望が、私には戻ってきたのだ。それは私のリハビリの姿を一変させた。

毎日の歩く練習にも目的ができた。Ｋさんの厳しい訓練に耐えて、十メートルがやっとだった歩行が、二十メートル、三十メートルと長くなった。右側を押さえて掛け声をかけて歩かせる。ともすると倒れそうになるのを、ぐっとこらえながら三十分も歩くのは、冬でも汗が出る。何よりも、頭で考えなければ歩けない。どの筋肉を使っているか、姿勢は教えられたようにまっすぐか。右に曲がっていないか。背筋は伸びているか。うつむいていないか。いちいち自分で考えながら修正する。考えないで歩けば、足が絡んだり倒れたりする。反射で自動的にできそうなことが、無意識ではできない。歩くという何気ない作業が、こんなにも複雑な手続きで行われていることを初めて知った。

人間は幼児のとき何度も倒れながら直立歩行を学ぶ。立ち上がるだけでも、脚の沢山の筋肉のみならず、重心をとり平衡感覚を全身の筋に覚えさせる大変な学習だ。だからその後は、複雑な手続きを意識しないでも歩けるようになる。随意運動を指令するのは大脳だが、脳梗塞ではその指令を出す大脳皮質の運動野が傷害されることが多い。運動の細かなスキルは、小脳に記憶として刻みつけられるが、それがやられるともっと重大な障害が起こる。

確実な歩み

約三十メートルもKさんの介助で歩けるようになったときのことだ。もう四点杖で倒れそうになることも少なくなったが、まだKさんが右から肩と腰を支えてくれなくては歩けない。

そのときKさんの携帯電話が鳴った。いつもだったら無視しているのに、その日は私の肩の手を離して電話の応答に出た。私は誰にもつかまっていない。危ない、と思い身構えた。でも何でもなかった。私は誰の助けもなく、そこに立っていた。そして危なげなく一歩ずつ歩いていた。驚きだった。一人で歩ける。信じられないことが起こったのだ。Kさんは何事もなかったように電話を終え、また私の肩に手を置いた。びっくりしている私に、「どうしました。もう一人で歩けるのよ」といってほほえんだ。

私は一人で歩ける、歩いたのだ。と思うと、また涙が頬を伝って流れた。何という感激だろうか。私は車椅子に戻っても、涙を抑えることができなかった。

もう歩けるといっても、彼女の助けを借りなければ三メートルも持たない。重心をはずして倒れそうになる。でも歩いたという感触は動かなかった。本当に実用的に歩けるようになるには、実に千尋の谷を隔てるようなものだということがわかるのはしばらくしてからのことだった。

でもこの経験は、その後の訓練に希望を与えた。毎日一メートル、二メートルと介助が少なくなっていった。油断すれば倒れる。今転倒すれば全部水の泡だ。私は必死でがんばった。訓練室の大きな鏡に映った姿はまだ危なげで、体がくの字に曲がっている。

それでも一カ月もしたら、介助がつけば百メートルくらいは歩けるようになった。その間三十メートルくらいは、Kさんの手が離れて自分一人で歩く。一人でといっても、倒れそうになったらいつでも支えられるように、そばについていなければ怖い。階段も二、三段なら登れる。

退院の日

そんな日が続くうちに、主治医から退院の打診があった。考えてみると入院してもう四カ月が過ぎていた。都立病院だったら、三カ月で追い出されているはずである。ここは東京都のものだが、医師会が運営しているので多少はいいのだろうが、いつまでもいるわけにはいかない。やっと希望が出てきたところだが、湯島のマンションも住むことができるようになったのだから退院することにした。

退院の許可は、意外に早かった。「もう、一度は退院して様子を見ませんか。どうしても悪かったら、また強化合宿に来ればいいのです」。この言葉は、この病院のリハビリでは、回復の限界に近づいていることを示していた。このあたりが引き上げ時か。マンションも用意できたし、少しは歩けるようになった。私は家族と相談し、退院の日を二週間後の二月八日に決めた。発作からは、九カ月の期間が過ぎたことになる。

まだ自信はない。でもどうにかなるだろう。それにどうにでもなれ、という気持ちもどこかにあった。

いざ退院となると、急に慌ただしくなる。お世話になった看護師の皆さん、特に理学療法士のKさんにお別れの挨拶に行く。Kさんには、つらかったけどよく指導してもらった。一生このことは忘れることはないだろう。

「有難う。忘れないよ」と、トーキングマシンに打ち込んで別れた。一番つらいとき力を与えてくれた人だ。この人が容赦なく指導してくれなかったら、今の自分はない。

よく晴れた冬の日の午後、娘の運転する車に、四カ月あまりの間に病室にたまったお見舞いの品々や、ステレオなどの身近のものを満載して、病院をあとにした。冬空の下に、鉛色の隅田川が流れていた。何度か妻に車椅子を押してもらって、この川に架かった白鬚橋を渡って、対岸の公園までつれて行ってもらったものだ。私は今こうして退院し、再び隅田川を渡る自分を、何か不思議な運命に流されているように思った。

これまで生きてこられたのが夢のようだった。まるで見当のつかない、これからの毎日が始まる。一人では生きてゆけない障害を持って、ひょっとすると長い老後を暮らさねばならない。私は、不確定な茫洋とした未来を思って、一人で感慨に沈んだ。

湯島の梅

湯島のマンションに落ち着くと、もう妻があれこれと段取りをしてくれてあり、なんとなく実生活のにおいがしていた。電動ベッドも尿器も病院と同じものが整えられ、お風呂も障害者用のものが待っていた。

正月に帰ってきた経験があるから、生活の仕方では困ることはない。段差のあるトイレと風呂には困ったが、おいおい慣れなくてはなるまい。

こうして重度の障害者としての生活が始まった。それは発作前とは全く違う営みである。違う人が生まれたのだ。もう前の自分に返ることはない。私は半身麻痺と言語障害を抱えて、新しい人として誕生したのだ。

湯島は坂の町である。高台にある湯島天神に向かって、急な坂からゆるい坂まで、大小さまざまな坂がある。車椅子では到底登れない坂を避けて、妻は湯島の巷《ちまた》に散歩に連れて行ってくれた。今まで見たことのない下町の賑わいは、私の好奇心を刺激したが、そう頻繁には妻に重労働を強いることはできない。

マンションは湯島天神の下にあった。私の好きな詩人、富永太郎はこのあたりに住んでいたはずだと、時々は回り道をして見回ってもらった。

ある日、とても急な坂は登れそうもないから、遠回りをして湯島天神の境内へつれていってもらった。久しぶりの散策だった。折から梅祭りで、夜店の屋台も出て賑わっていた。梅も満開に近い。ゆっくりと境内を回っていると、こうして生きているのが夢のような気がした。

さんざめく若い人たちの間を、車椅子で回っていると、昔中学時代の友達と、受験のお参りに来たのを思い出した。あのころは希望に満ちていた。しかし未来は茫漠として、何一つ確かなものは見出せなかった。いま六十年を経て、重度の障害者となり、同じ不安に対面している。私は、同じように希望が持てるだろうか。まだ未来という時間がいくらか残されているようだ。その未来は、やはり茫漠として眼前に広がっている。

私はこれから生きてゆけるのだろうか。まだまだリハビリを続けて、社会復帰を果たさねばならない。生きる不安は尽きない。私はほのかに香る梅の香りを嗅いで、いやでも希望を持つように自分に語りかけた。

「蛇の喉から光を奪え」。若いころ読んだハンス・カロッサの言葉である。一点の光も見えない蛇の喉のような絶望の闇からも、一筋の希望の光を見つけて生きよという意味だと思っている。私の光はどこに求めたらいいだろうか。

私は思い出した。金沢の夕日の光景に、突然私が感じた巨人の姿は、確実に動き出している。それはまだ二十歩も満足には歩けないが、朝起きて初めて背筋を伸ばすとき、そして杖に持ち替えて体をゆっくりと立ち上がらせるとき、そしておぼつかない一歩を踏み出すとき、私は新しい人間が私の中に生まれつつあるのを感じている。のろまで醜い巨人だけれど、彼は確かにこの世に生を受けた。この様子では、なかなか育たないだろう。

それでもいいのだ。私は私の中に生まれたこの巨人と、今後一生つき合い続け、対話し、互いに育てあうほかはない。私は自分の中の他者に、こうつぶやく。何をやっても思い通りには動かない鈍重な巨人、言葉もしゃべれないでいつも片隅に孤独にいる寡黙な巨人、さあ君と一緒に生きてゆこう。これから娑婆ではどんな困難が待っているかわからない。でも、どんな運命も一緒に耐えてゆこう。私たちは一人にして二人、分割不可能な結合双生児なのだから。そして君と一緒にこれから経験する世界は、二人にとって好奇心に満ちた冒険の世界なのだと。

妻が、一人でうなずいている私に、そっと彼女のショールを掛けてくれた。そうだ。もう一人同行してくれるものがいるではないか。さあ生きようと私は思った。

回復する生命——その1

北部タイの貧しい山間部で、山岳少数民族の麻薬問題に取り組んでいるS君から長文の手紙が来た。彼はチェンラーイの西を流れるメーコック川の上流の山地で、小さなNGOで働いている二十四歳の青年である。NGOといっても、もと先生をしていたリーダーのピパット・チャイスリンサンというタイ人と、実質的には二人だけでこの仕事をしている。

私はバンコクで二〇〇一年の冬に開かれた国際学会の合間を縫って、タイ北部の風物を見てこうと、ここを訪れた。いわば物見遊山の旅である。近代文明にさらされていない山岳地帯に、ある種の癒しを期待したのだ。

この地方は、最近まで「黄金の三角地帯」と呼ばれ、麻薬の取引で名を馳せたところである。まだ旅行者には安全とはいえない。S君のいるNGOが、黄金の三角地帯を行く旅行者の案内をして、資金の一部をまかなっていると聞いて、それに乗ろうと思ったのだ。プログラムでは、山岳少数民族にも会えるという。物珍しさも加わって私の好奇心は募った。私はアフリカでもインドでも、同じようなNGOのお世話になった。きっと面白いところに連れて行ってもらえるだろう。

ところがミイラ取りがミイラになってしまったのだ。S君と話をしていると、このプロジェクトに関して、不思議な興奮が私に伝染したのである。この旅行で何を見たかは別にも書いたので、S君と話したことだけを書く。

S君は、大学在学中に、東南アジアの地域を見学するスタディツアーで初めてここへ来た。ここで文明から取り残された、山岳少数民族の麻薬汚染と悲惨な生活を見て、いつの間にか卒業後ここに来てしまった。そして三年が経ってしまった。

ピパットさんの仕事に深く感銘したことが、動機のひとつであった。はじめは一時的なボランティアのつもりだった。

ピパットさんは貧しい家に育った。アメリカの奨学金で日本の大学に留学した後、小学校の教諭になってこの地方に赴任した。生徒にいた山岳民族の子の麻薬禍を知り、このNGOを始めたのである。ピパットさんは、私財を擲《なげう》って麻薬に犯された村人を救う活動をしている。メーコック川の上流の施設に麻薬患者を集め、独特の集団治療をしている。

S君は麻薬患者の暴力にさらされ、飲み水も電気もない異国の山中で、長い熱帯の雨季を一人で耐えながら、この仕事を手伝った。汚染された村の子供たちの教育活動にも加わった。気がついたときには、もう三年が過ぎていた。

その間に彼の見たものは、開発の波にもまれる少数民族の悲惨な現実だった。貧困に追い討ちを加えるように、差別やエイズの問題もある。学校をやめた子供を見舞うと刑務所に入っていたり、夜の仕事をしていたりした。

私は感動しながら聞いたが、ついでに意地悪な質問をした。それは私自身はっきりと答えられないことだったし、アフリカで蝿の浮いているスープを平気で飲んでいた、ヨーロッパから来たNGOの青年にも尋ねたことである。なぜ、こんな悪条件のここにいるのか。なぜ、このような困難な仕事をしているのか。

それは即答できるような問いではなかった。私はそれをS君の宿題に残してタイを後にした。その答えが来たのだ。レポート用紙十枚にびっしりと書いてある。山岳民族がおかれた厳しい現実、麻薬やエイズ、貧困と人権無視と戦いながら、私の宿題と対決し、やっと自分の言葉で伝えられる部分が少し出来たので書きますと冒頭に有った。

「日本にいたときは、自分が病んでいること、傷ついていることに気づかず生きてきたが、現場に身を投じて、彼らの生命の回復に携わることによって自分が癒されるのを、無意識のうちに求めてきたのだと思います。ここでは貧しくても必死に生きている。生活のリズムはゆったりとしているかもしれないが、みな生きるために考え、生きるために動いています。自分ははじめて生きることを学ばせて頂いたような気がします」と結ばれていた。

彼らが麻薬中毒から回復するのを眺めながら、逆にS君が癒されていたのだ。本当は自分のほうが衰弱していて、回復の術《すべ》を失っていた。回復の喜びは彼らのためではない。自分の生命の回復が嬉しいのだ。

日本にいたときは、生と死とか、現実とバーチャルな空間など、抽象的な感覚だったものが、ここでは生きるということ、回復してゆく生命の喜びを実感するようになった感動が、行間ににじんでいる。S君のユーレカ*である。

＊「われ見いだせり」という意味のギリシア語。アルキメデスが金の王冠の純度を量る方法を風呂の中で発見したときに叫んだという話に基づく言葉。

誰かのために何かをするのではない。病んでいるのは自分だ。相手の生命が回復するのを見て、自分も生命を回復させられることに感謝しなければ、NGOなど務まらない。久しぶりに届いたS君の手紙に、私の病んだ心まで洗われるような気がして、彼のユーレカに乾杯した。

回復する生命——その2

一昨年（二〇〇一年）の五月、私は突然脳梗塞で倒れ、三日の間、死線を彷徨《さまよ》った。気がついたときには右半身が完全に麻痺していた。その瞬間から言葉もいっさいしゃべれなくなった。

全く突然の、信じられない異変だった。私はおしゃべりではないが、人と談笑するのは好きだった。それが一言もしゃべれない。途方にくれた。

今でも夢でないかと疑うことがある。でも残念ながら夢でない。診断は仮性球麻痺による重度の構音障害で、言葉のほかに嚥下《えんげ》機能も侵され、食事ばかりか水も飲めない。もうそろそろ二年というのに、朝夕チューブを入れて水分を補給している。体のほうはリハビリで幾分よくはなったものの、いまだにしゃべること、水を飲むことは全くできない。杖を突いて、肩と腰を支えられて、五十メートル歩くのがやっとだ。筆舌に尽くせないほどの苦痛がまだ続いている。

誰かに起こりうることは自分にも起こる。突然の不幸に苦悩し、絶望して一時は自死まで考えたが、今ではせっせとリハビリに通っている。

私の麻痺は重度だから、いくらリハビリをしても回復はおぼつかない。脳の一部は死んでしまったのだ。神経細胞が二度と再生しないのは、よく知られた事実である。

入院中は毎日のスケジュールに従っていればよかったが、退院後のリハビリはつらい。週四日、雨の日も雪の日も、妻に車椅子を押させて病院に通う。そして強制的な機能訓練だ。

私は一生懸命やっているつもりだが、なかなか歩けるようにはならない。こんな苦しいリハビリの訓練を続けるのは何故だろうかと、時々考える。リハビリなんかやめて、電動車椅子にバリアーフリーの部屋、介護保険などを使って、安楽に暮らせばいいではないか。

でも私はそうはしないつもりである。いくらつらくても、私はリハビリを楽しみにしている。週に四日間、歩行訓練と言語機能回復のために、病院に通うのが日課になった。私にも家人にも大変な負担だ。そんなことをしても、目立ってよくなる気配は見えない。エンドレスの、不毛の努力をなぜ続けているか。

その理由を書こう。

私には、麻痺が起こってからわかったことがあった。自分では気づいていなかったが、脳梗塞の発作のずっと前から、私には衰弱の兆候があったのだ。自分では健康だと信じていたが、本当はそうではなかった。安易な生活に慣れ、単に習慣的に過ごしていたに過ぎなかったのではないか。何よりも生きているという実感があっただろうか。

元気だというだけで、生命そのものは衰弱していた。毎日の予定に忙殺され、そんなことは忘れていただけだ。発作はその延長線上にあった。

それが死線を越えた今では、生きることに精いっぱいだ。もとの体には戻らないが、毎日のリハビリ訓練を待つ心がある。体は回復しないが、生命は回復しているという思いが私にはある。いや、体だって、生死を彷徨っていたころに比べれば少しはよくなっている。

今日はサ行の構音が幾分聞き取れたと言語聴覚士が言ったとか、今週は麻痺した右の大臀筋《だいでんきん》に力がはいっていたと理学療法士にほめられたとか、些細なことが新しい喜びなのだ。リハビリとは人間の尊厳の回復という意味だそうだが、私は生命力の回復、生きる実感の回復だと思う。

まだ一人で立っていることさえままならないが、目に見えない何かが体に充ちてきている。目に見える障害の改善は望めない。でも、何かが確実に回復していると感じる。どうもそれは、長年失っていた生命感、生きている実感らしい。

顕微鏡に微動螺子《ねじ》というのがついている。一回転で何十分の一ミリほど鏡筒が進んでピントが合う。肉眼では見えぬ速度だ。その微動螺子と同じように、見えない速度で確実に回復していくものを感じるのだ。

生命力の回復なんて、どうもそのようなものらしい。長い冬の間に、目に見えない力が樹木に充ちてきて、いつの間にか芽になっている。蕾《つぼみ》さえも膨らんでいる。その花だって「遅速あり」と古人は言った。その力は誰にも見えない。

ましてや私の場合は、脳神経が侵されたのである。症状はよくなるはずはない。毎年咲く花とは違う。でも長年失っていた生命力が見えない速度で充実し、回復しようとしているのを感じている。そんな力は、皮肉なことに体が丈夫なころは感じることはなかった。

つらいリハビリに汗を流し、痛む関節に歯を食いしばりながら、私はそれを楽しんでいる。失望を繰り返しながらも、体に徐々に充ちてくる生命の力をいとおしんで、毎日の訓練を楽しんでいる。

苦しみが教えてくれたこと

病気などと無縁だと思っていた私が、脳梗塞で右半身不随になってから、まるで病気のデパートのようにいろいろな病気の巣になってしまった。それも回復不可能なものばかり。まるで「もぐらたたきゲーム」のように、次から次に現れる。

二〇〇五年の五月には前立腺癌《がん》が発見された。すでにリンパ節への転移もあり、切除は不可能な段階であった。出来るのはホルモン療法、といっても積極的なホルモン投与療法をすると脳血栓の再発を招くというので、睾丸《こうがん》を摘除する「去勢法」だけを受けた。若いころ私を苦しめ続けた煩悩《ぼんのう》の種ともさっぱりとおさらばして、身も心も軽くなった。おかげで腫瘍《しゅよう》マーカーも激減したと思う間もなく、次の難題が待っていた。

入院するたびに病気は重くなるらしい。日本の病院は、患者を娑婆《しゃば》から隔離し、絶望させ、衰弱させるところのようである。退院するころになると、今度は尿路結石が発見され、そこにMRSA（多剤耐性菌）の院内感染という新手の敵が加わった。退院しても、発熱と排尿困難に苦しめられた。それが少しよくなったかと思うと、今度は喘息《ぜんそく》という強敵が加わった。休む間もなく呼吸困難に悩まされている。

半身麻痺は、体が動かないだけではない。一日中筋肉の緊張が高まって、休んでいても楽ではない。いつも力を入れているようなものだ。それだけではない。私の後遺症には重度の嚥下障害、構音障害が重なっている。物が自由に食えない。水や流動物は飲めない。

食事は私にとって最も苦痛な、危険を伴う儀式である。おかゆは何とか食べられるようになったが、油断すると激しくむせる。ご飯粒《はんつぶ》一粒でも気管に入ると肺炎になる危険がある。排除するための咳払いが出来ないのだ。

食後は必ず痰《たん》と咳に悩まされる。あまり苦しいときには、スポンジのブラシを喉に突っ込んで、強制的に咳を起こさせ、異物を排除する。でないと眠ることさえ出来ない。以前はどうしても咳を起こさせることが出来ず、この喉を切り裂いても痰を取りたいと、輾転反側《てんてんはんそく》する夜を送ったものである。

構音障害は、私から会話を奪ってしまった。発作から五年たつが、まだ満足に挨拶も出来ない。脳梗塞の発作の後、今まで何気なくやっていたこと、たとえば歩くことも、声を出すことも、飲んだり食べたりすることも突然出来なくなった。自分に何が起こったのか理解出来なかった。声を失い、尋ねることも出来なかった。叫ぶことすら不可能な恐怖と絶望の中で、死ぬことばかり考えて日を過ごした。呻き声だけが私に出来る自己表現だった。自死の方法を考えて毎日が過ぎた。今思えば危機一髪だった。

でもこうして生きながらえると、もう死のことなど思わない。苦しみがすでに日常のものとなっているから、黙って付き合わざるを得ないのだ。時には「ああ、難儀なことよ」と落ち込むことがあるが、そんなことでくよくよしても何の役にも立たないことくらいわかっている。

受苦ということは魂を成長させるが、気を許すと人格まで破壊される。私はそれを本能的に免れるためにがんばっているのである。

病気という抵抗を持っているから、その抵抗に打ち勝ったときの幸福感には格別のものがある。私の毎日はそんな喜びと苦しみが混ざりあって、充実したものになっている。

朝起きた瞬間から抵抗は始まる。硬い装具をつけてもらうと戦闘開始である。「おはよう。今日はうまく立ち上がれるか」と挨拶する。そして鈍重《どんじゅう》な巨人のように、不器用に背を伸ばす。曲がった骨が痛くてよろけるが、こけると致命的である。緊張する。

一日中、そんな戦いは続く。腰が痛くても、寝転んで休むわけにはいかない。装具をはずさないと横にはなれない。装具をはずすと人手を借りないと起き上がれないし、トイレにも行けない。だから一日中硬い装具に縛られたままである。リハビリのない日は、パソコンを打ち続け、風呂に入るまで我慢する。おかげで夜はバタンと熟睡してしまう。週三回のリハビリに通うと、暇な時間はない。ある意味では充実した毎日である。

そんな中で、私はいろいろな喜びを味わっている。私流「病牀六尺《びょうしょうろくしゃく》」である。

病という抵抗のおかげで、何かを達成したときの喜びはたとえようのないものである。初めて一歩歩けたときは、涙が止まらなかったし、初めて左手でワープロを一字一字打って、エッセイを一篇書き上げたときも喜びで体が震えた。

今日は「パ」の発音が出来たといっては喜び、カツサンド一切れが支障なく食べられたといっては感激する。なんでもないことが出来ない身だからこそ、それが出来たときはたとえようもなくうれしいのだ。

そうやって、些細なことに泣き笑いしていると、昔健康なころ無意識に暮らしていたころと比べて、今のほうがもっと生きているという実感を持っていることに気づく。

身体についても新しい発見がある。たとえば頬の痒《かゆ》みを掻《か》くと麻痺した手が不随意に動く。あくびと同時に、麻痺した腕の筋肉が緊張する。猫のあくびと同じだ。いわゆる錐体外路《すいたいがいろ》系の神経が活動するからだろうか。麻痺で不随意になっても、人間の運動系は一体になって動いていることが実感としてわかる。こんなことも健康なときには気づかないで、何でも細分化すれば理解できると思っていた。医学を学んだ身として愚かなことだった。

これからも新しい病気は次々に顔を出すだろう。一度は静かになった癌だけれど、いつかは再発するだろう。でもそのときはそのとき、どうせ一度は捨てた命ではないか。あの発作直後の地獄を経験したのだから、どんな苦しみが待っていようと、耐えられぬはずはない。病を友にする毎日も、そう悪くないものである。

障害者の五十年

香川紘子《かがわひろこ》さんは愛媛県松山市に住んでいる女流詩人である。私は十八、九歳の少年のころから名を知っている。香川さんは確か、私よりひとつ年下のはずだから、かれこれ五十年もの長い知り合いになる。といってもお会いしたことは、たったの二回だけである。

私が田舎の文学少年だったころ、その当時権威のあった『詩学』という詩の雑誌に、みずみずしい感性の抒情詩を投稿している少女がいた。それが香川さんだった。

どういうわけか、私は香川さんが障害者であることを知っていた。そんな詩を読んだのかも知れない。しかし、どんな障害かは知らなかった。それゆえに、かえって憧れに似た気持ちで彼女の詩を読んでいた。

同じ雑誌には、谷川俊太郎さんや川崎洋さんなども常連の投稿者で、いわば若い詩人たちの登竜門の観を呈していた。私も投稿したが、なかなか採用されないでいた。

私は、香川さんの詩に強く引かれていたが、お会いする機会はなかった。当時松山に、私の大叔父が住んでいた。大正から昭和の初期にかけて活躍した詩人だった。私は大学の夏休みに長い四国旅行を企て、松山にその大叔父を訪ねた。ついでに憧れていた香川さんを見舞うことにした。

そのとき初めて、香川さんが予想を超えた重度の障害者であることを知った。八畳ほどのお部屋に彼女はか細い体を横たえていた。重度の脳性麻痺で、立ち上がることもできない。

私は衝撃を受けて立ちすくんだ。事情も知らずに、のこのこと出てきた自分の無神経さを恥じた。その日は、しょうことなしに寝たままの香川さんと、最近の詩壇のことなどを話して帰った。

幸いにも、香川さんのお父さんはお医者さんであった。おかげで手を尽くした医療を受けることができた。お母さんをはじめ、周囲のかたがたの手厚い介護を受けて、その後も詩作を続けておられると聞いた。だから彼女の詩には暗い影がちっともないのだと、私は納得した。

私は医学の勉強で忙しくなり、自然に詩作とも遠ざかって、香川さんのことも思い出すことはなかった。ただそのころ出された『方舟』という彼女の処女詩集は、長いこと私の書棚の片隅に置かれていた。


それから幾歳月がたって、二〇〇〇年の六月、私は松山を訪ねる機会があった。四十五年ぶりのことである。風の便りに、香川さんが今も元気で詩を書いていること、『香川紘子全詩集』を出されたことを知ったからである。私は香川さんを、もう一度訪ねることにした。

お兄さんの整形外科の病院の一室で、普段はひっそりと暮らしていた香川さんは、わざわざご自宅まで帰って私を待っていてくれた。梅雨明けの炎天の日だった。

香川さんは依然寝たままだったが、この四十五年の間に白髪も交じって上品なおうなになっておられた。その間にお世話なさっていたご両親をなくされ、何匹かの愛犬にも先立たれた。それらの事件が、重度障害者の彼女にとってどんなに痛ましいことだったか、言われなくても分かった。

それでも笑顔を絶やさずに、私たちを迎えてくれた。そんな姿にも、周囲の温かい人々の手厚い介護の手があったことがよく分かった。それにしても重度の障害を持って過ごしたこの四十五年が、どんなに重いものだったかを思って、健常者である私は胸がつまった。

この訪問から一年ばかりのうちに、私も重度の障害を持つ身となった。新米の障害者である。私の障害は香川さんに比べればずっと軽いが、新米には苦しいことが多かった。もう決して治ることのない障害者が、この天地の中でどんなにたよりない弱者であるかを思い知った。まだ二年余りというのに、心萎《な》えることが多い。

あれから四十五年余り、いや私の知らなかった時間まで含めたら六十八年の長さを香川さんは生き抜いてきたのだ。障害者といっても年季が違う。そのうち五十年に近い時間を、詩を書き続けて駆け抜けてきた。詩を書くというのは、言葉の格闘技のようなものだ。常の文章を書くのと違って、大変な集中力がいる。

そんな香川さんから、時折お手紙や声のお便りが届く。彼女はペンを手に持てないから、口述筆記か、テープに録音した声のメッセージである。

か細い声だが、文法やテニヲハには一字だって間違いはない。テープに入れるのだって大変な作業に違いない。テープの最後まできっちりと録音されている。そういう声の便りを聞くと、こちらまで元気付けられる。

障害者としては新米の私が、生まれつき障害を持って生き続けた彼女に、励まされているのである。本当の障害者として生きるのも、そこでいい仕事をするのにも、相応の年季がいるものだと私は覚《さと》った。

理想の死に方――歩キ続ケテ果テニ息《や》ム

白洲正子さんは死を予感して、ご自分で電話して救急車を呼んだ。待っている間に、お好きなものを食べた。入院して間もなく昏睡状態となり、旬日を経ず他界した。

その一週間ほど前、一献差し上げたいからといささか急なお招きがかかった。いぶかりながらも、鶴川のお宅に伺ったところ、白洲さんは二階で床に就いていた。そのとき白洲さんが、月の光のようにキラキラとした顔をしておられたのを、今でも思い出す。

その夜、白洲さんは酒宴には加わらなかった。私たちはスッポンの饗応にしたたかに酔って、夜遅く帰宅した。

後で、それが白洲さんのお別れの儀式だったと知った。私はそんなこととは露知らず、最後のご挨拶もし損ねたことを悔やんだ。ただあの妙にキラキラした面差しだけが、いっそう印象深く思い出される。

それから一週間後に入院され、亡くなったのだ。私はいろいろな人の死に出会ったが、これなどは理想的な死に方だと思う。お葬式も戒名もなかった。後で、古代布で包まれた、遺骨に対面したが、お年のわりにずっしりとした重さに、「韋駄天お正」と青山二郎が呼んだ、歩き続けの一生が偲ばれた。

こんな死に方をしたいと心に決めてきたが、私のほうはそうはいかなくなった。二〇〇一年、私は旅先で脳梗塞に襲われ、死地をさまよった末生き返り、重度の右半身の麻痺と摂食、言語障害の後遺症をもつ身となった。まだ一言もしゃべれない。自死も考えたが、助かったからには生きなければならぬと思った。

こうして不自由な体を抱えて私は生き延びている。嚥下障害の苦しみは筆舌につくせない。右麻痺だけでもつらいのに、毎食後必ずやって来る咳と痰の苦しみは筆舌に尽くし難い。毎日肺炎の危険と戦っているのだ。苦しくても叫ぶことも出来ないし、訴えることも出来ない。まして電話で救急車を呼ぶなんてことなどできない相談だ。寝るにも起きるにも介護の手を借りなければならない。私は理想の死に方さえ奪われてしまったのだ。

さてと、考えてしまう。死線をさまよって生き返った身だ。死はもう怖くない。発作直後は、苦しさのために死ぬことばかり考えていた。今でも死を思わぬ日はない。でもこんな体では理想の死に方といわれても、答えに窮する。出来ることが、あまりに限られているからだ。

私は麻痺を除けば、体は頑健だ。うまく死ねそうにない。阿鼻叫喚の最後くらい覚悟している。でもこれまでの苦しさに比べれば、どんな苦痛にも耐える自信はある。私のような重度の障害者は、日常が苦痛の連続である。声を失った今は、叫ぶことさえできない。

そしてシジフォスのように、果てのないリハビリの訓練の毎日である。嚥下障害は、どんなに空腹でも物が食べられない。水も飲めない。タンタロスの苦しみでもある。

幸い考える力だけは残された。それを使って死に方を考えるほかはない。

そこで、少し体を痛めつけるくらい仕事をしている。一日に五、六時間はキーボードに向かう。左手だけしか使えないから、人の四、五倍も時間はかかるし、疲れもする。それにリハビリの訓練が加わる。車椅子に座っているだけで消耗するから、リハビリのあった日はベッドに入るとすぐ眠りに落ちる。

どうやら、私は知らないうちに答えを見つけていたようだ。それは平凡だが「歩キ続ケテ果テニ息《や》ム」というようなことらしい。私は物理的には歩けないが、気持ちは歩き続けている。白洲さんも西行も、結局同じところに理想の死を見つけたのではないか。体は利かないがこれならできる。もう少しだ、と思って、私はリハビリの杖を握り、パソコンのキーボードに向かう。そして明日死んでもいいと思っている。

Ⅱ　人間の尊厳

君は忿怒佛のように

君は忿怒佛のように
今こそ
怒らねばならぬ

怒れ　怒れ
怒って　怒って　地上をのたうち回れ
虐げられた難民
苦しむ衆生のために
君は

血まみれの衣を
ずたずたに引き裂き
腰からぶら下げ
仁王立ちになって睨む
口からは四本の牙をむき出し
血の混じった唾液の泡を吹きながら

君は軍荼利夜叉明王《ぐんだりやしゃみょうおう》のように
戦いの甲冑に身を固め
火炎の光背に
護るべきものを押し隠す
あらゆる不正を暴く
牛頭《ごず》明王の目を半眼に見開き
君は身の丈六尺の
九頭龍《くずりゅう》明王となって現われ
弱者を救い上げ権力者を
喰らい尽くす鬼となって

背中に真紅の火炎を頂き
不動の知恵の
蛇の巻きついた利剣を垂直に立て
怒りに右目を中空に見据え
左目は血の涙を流す

馬頭《めず》権現の耳には
慈悲と愛をたたえながらも
なおも君は忿怒佛として
怒らねばならぬ
怒れ　戦え　泣き叫べ

時には阿修羅王のごとく
赤子を貪り食い
女を際限なく凌辱するが
次の日には懺悔に

地上をのた打ち回る
また次の日は
孔雀明王となって
中空に布施をばら撒く
君の名は
何とでも呼べ
悪鬼鬼神の類《たぐい》は
いつでもこの世に現われるものだ
血のような花弁を振りまきながら
雪の夜を泣きながら彷徨う
君は忿怒佛となって
怒りに身を震わせよ

診療報酬改定　リハビリ中止は死の宣告

私は脳梗塞の後遺症で、重度の右半身まひに言語障害、嚥下障害などで物も満足には食べられない。もう四年になるが、リハビリを続けたお陰で、何とか左手だけでパソコンを打ち、人間らしい文筆生活を送っている。

ところがこの三月末〔二〇〇六年〕、突然医師から今回の診療報酬改定で、医療保険の対象としては一部の疾患を除いて障害者のリハビリが発症後一八〇日を上限として、実施できなくなったと宣告された。私は当然リハビリを受けることができないことになる。

私の場合は、もう急性期のように目立った回復は望めないが、それ以上機能低下を起こせば、動けなくなってしまう。昨年、別な病気で三週間ほどリハビリを休んだら、以前は五〇メートルは歩けたのに、立ち上がることすら難しくなった。身体機能はリハビリをちょっと怠ると瞬く間に低下することを思い知らされた。これ以上低下すれば、寝たきり老人になるほかはない。その先はお定まりの、衰弱死だ。私はリハビリを早期に再開したので、今も少しずつ運動機能は回復している。

ところが、私と同様に一八〇日を過ぎた慢性期、維持期の患者でもリハビリに精を出している患者は少なくない。それ以上機能が低下しないよう、不自由な体に鞭打《むち》って、苦しい訓練に汗を流しているのだ。

そういう人がリハビリを拒否されたら、すぐに廃人になることは、火を見るより明らかである。今回の改定は、「障害が一八〇日で回復しなかったら死ね」というのも同じことである。実際の現場で、障害者の訓練をしている理学療法士の細井匠さんも、「何人が命を落とすのか」と三月二十五日の本紙（『朝日新聞』・声欄（東京本社版）に書いている。ある都立病院では、約八割の患者がリハビリを受けられなくなるという。リハビリ外来が崩壊する危機があるのだ。

私はその病院で言語療法を受けている。こちらはもっと深刻だ。構音障害が運動まひより回復が遅いことは、医師なら誰でも知っている。一年たってやっと少し声が出るようになる。一八〇日で打ち切られれば、一生話せなくなってしまう。口蓋裂《こうがい》の子供などにはもっと残酷である。この子らを半年で放り出すのは、一生しゃべるなというようなものだ。言語障害者のグループ指導などできなくなる。

身体機能の維持は、寝たきり老人を防ぎ、医療費を抑制する予防医学にもなっている。医療費の抑制を目的とするなら逆行した措置である。それとも、障害者の権利を削って医療費を稼ぐというなら、障害者のためのスペースを商業施設に流用した東横インよりも悪質である。

何よりも、リハビリに対する考え方が間違っている。リハビリは単なる機能回復ではない。社会復帰を含めた、人間の尊厳の回復である。話すことも直立二足歩行も基本的人権に属する。それを奪う改定は、人間の尊厳を踏みにじることになる。そのことに気づいて欲しい。

今回の改定によって、何人の患者が社会から脱落し、尊厳を失い、命を落とすことになるか。そして一番弱い障害者に「死ね」といわんばかりの制度をつくる国が、どうして「福祉国家」と言えるのであろうか。

小泉医療改革の実態——リハビリ患者見殺しは酷《むご》い

あなたが癌に罹って抗癌剤注射を受けているところに、突然抗癌剤は一五〇日間で打ち切ると宣告されたならどう思うであろうか。あるいは、慢性の腎障害で人工透析を受けているところに、透析療法は一八〇日までと告げられたら怒らないだろうか。そんなことは考えられないと思うだろうが、それと同じようなことが、リハビリ医療では今、堂々とまかり通ろうとしているのである。

二〇〇六年四月の厚生労働省による保険診療報酬改定によれば、疾患によって少し異なるものの、障害を持った患者のリハビリが、一部の例外を除き、最長でも一八〇日（六カ月）で打ち切りにされるというのである。

勿論、増大する医療費を削減するのが目的だが、それ以上リハビリを続けても、効果が明らかでないからという理由が挙げられている。患者や障害者側の実態を無視し、また心ある医師や療法士の意見も十分に聞かずに、このような一方的通達があったのである。

この突然の変更に、現場は混乱に陥り、理学療法士でさえ患者の処遇に迷う状態であった。患者は不安におびえ、すでに泣く泣く治療を断念したものもある。

私が告げられたのも、三月も末になってからだ。その時点では、患者はどうしようもない。以前から医師には知らされていたとしても、直接に火の粉が降りかかる患者は蚊帳の外だった。

健常者には対岸の火事のように思えるかもしれないが、リハビリの打ち切りは、これからの保険給付制限の前哨戦として、福祉行政の行方を占う重大な問題である。今回の改定では、老人や中途障害者という一番抵抗の弱そうな人を対象としたリハビリ医療が狙い打ちされたのである。ここに隠された厚生労働省の意図には、保険診療の上限を決めてそれ以上の給付を打ち切りにするという考えが見え隠れする。その政策が今実際に断行されたのである。あなたにとっても見逃せない重要な問題である。弱者の権利を侵害してまで、医療費を削減しようという目論見に気づかなければならない。

今回の改定は、簡単に言えば次のようなものである。中央社会保険医療協議会（中医協）の厚生労働大臣への答申により、二〇〇六年四月よりリハビリ医療の対象となる患者を、四種類の疾患別にわけ、それぞれについて、従来病気がよくなるまで受けられたリハビリを、新たに日数に上限を設ける。それ以上の治療は打ち切ってしまうというやり方である。

たとえば、脳梗塞などによる障害のリハビリ診療は、治る治らないにかかわらず、発病後最長一八〇日で打ち切られるという。

私のような脳血管疾患による後遺症は六カ月程度で良くなるとは限らない。麻痺した体は、定期的にリハビリ専門家による訓練とメインテナンスをしなければ動けなくなってしまう。障害によっては、一八〇日はおろか、何年もリハビリを続けなくては日常生活が続けられないものもある。中止すれば、お定まりの寝たきり老人になるほかはない。今回の改定が、障害を持ってしまった者に対してどんなに残酷なものか、ここでは私自身の実例を通して訴えたいと思う。

私の病歴

私は二〇〇一年の五月の連休に、突然旅行先の金沢で脳梗塞の発作に見舞われ、金沢医大の付属病院に入院した。処置は早かったが、三日あまり死地を彷徨い、目覚めたときは右半身の完全な麻痺、高度の構音、嚥下機能の障害で、叫ぶことも訴えることも出来なかった。

地獄のような三カ月を旅先の病院で過ごした。幸い早急なリハビリの開始で、何とか三〇分ほどはベッドに座ることが出来るようになった。その後東京に戻り、都立駒込病院に入院してさらに三カ月リハビリ生活を送ったが、この病院にはリハビリ科はあったものの、リハビリ科の専門医はいなかった。リハビリも目的のはっきりしないお粗末なものだった。後で気づいたことだが、この時期、つまり最も大切な回復期に、専門的リハビリ治療を受けられなかったことは、一生の痛恨事となった。

何分、嚥下障害で満足に物は食べられないし、声さえ出ないので訴えることも出来ない。ただ絶望に打ちひしがれて、呆然と三カ月を過ごした。

本格的リハビリを受けたのは、東京都リハビリテーション病院にやっと空きベッドが見つかり、そこに転院してからであった。すでに発症から五カ月あまりを過ぎていた。ここに来て始めて、専門医の指導の下、勝れた理学療法士と、平均的な作業療法士、言語聴覚士による系統的訓練を受けることが出来た。

ここで私は始めて、杖をついて自分の足で一歩歩くことが出来たが、右腕はとうとう自発的には動くことはなかった。しかし車椅子にベッドから乗り移ること、入浴の仕方、それに左手だけでパソコンをポツリポツリ打つことなどを身につけ、一〇カ月ぶりで娑婆に戻った。

しかし、すんなりと我が家に戻れたわけではない。自宅前には三段の石段があり、家も二階建て、私は寝室へも書斎にも行けない身となっていた。出来ることは、バリアーフリーのマンションを借りることだけである。東大前の懐かしい我が家と別れ、同じ区内の新築の貸しマンションに仮住まいした。

しかしなんといっても、私にはリハビリを続けて社会復帰するという、大事な目的があった。現役のころの弟子が内科の教授になっていたので、その伝を頼って、東大病院のリハビリテーション科のお世話になることにした。

幸い教授が快く受け入れてくれたので、尊敬すべき理学療法士の担当のもと、順調に機能回復を遂げていった。一年後には杖で五〇メートルも歩けるようになった。私は著作活動を開始し、発作後四年間で五冊の本を出版した。

その間に妻はもとの家を壊して、バリアーフリーの家を新築してくれた。私は、重い障害を持つことにはなったが、ようやく安定した生活を手に入れたかに見えた。発作から三年余りの月日が経っていた。

ところがその矢先に、前立腺癌が発見された。検査や手術で、約三週間入院している間に、せっかく回復した運動機能は低下し、手術前は五〇メートルも歩けたのに、立ち上がることさえ出来なくなっていた。

しかし、リハビリを早期に再開したおかげで、少しずつ回復しているのが現状である。悪くすると寝たきり老人になるところであった。リハビリの力で救われたようなものだ。

この間の苦しみと絶望を思うと、今でも涙が出る。それでも生きてこられたのは、常に力づけ機能維持に励んだ理学療法士のおかげである。

現在、私は週二回東大病院に通い、歩行の訓練と、筋肉がこれ以上拘縮して廃用とならないよう、専門的ストレッチを受けている。おかげで、何とか体力を維持し、廃人にならずに済んでいる。

そのほか週一回は、都立大塚病院で、言語聴覚士から発音、構音の訓練を受けている。東大には言語聴覚士がいないからだ。こうして、不自由ながら何とか人間的な社会生活を送ることが出来ている。そんな私の闘病生活は、二〇〇五年十二月のＮＨＫスペシャル「脳梗塞からの〝再生〟——免疫学者・多田富雄の闘い」で紹介されたので、ご覧になった方もあると思う。

受け皿の不在

長々とパーソナルなことを書いたが、このような生活が、根本から覆えされようとしている。それが今回の診療報酬改定によるリハビリ打ち切りである。

私は、二〇〇六年三月末のある日、突然医師から今回の診療報酬改正によって、リハビリを受けられなくなったと宣告された。私はすでに五年もたっているのだから、真っ先に打ち切られてしまう。後は介護保険に任せるというのだ。

では打ち切りの後、受け皿になるものはあるのだろうか。介護保険の訪問リハビリは、せいぜいマッサージ師の訪問治療に過ぎない。私のような重度の障害者のメインテナンスなど不可能だ。

通所リハビリはどうかと、私の住む文京区役所に問い合わせてもお寒い答えしか返ってこなかった。それを扱っている事業所は区内には少なく、そこにも理学療法士や言語聴覚士の数は〇人であった。どうやら老人の食事つきのレクリエーションを提供するのが主な施設であることがわかった。私のような障害と闘っているものが求めているのはそんなものではない。専門的理学療法士によるリハビリ「医療」なのだ。

そんなレクリエーションまがいのものをリハビリと称して、リハビリ医療を拡張解釈してゆくことは、真の医療としてのリハビリを衰退させてしまうことになる。いずれにせよ、リハビリ打ち切りを補塡する受け皿は現状ではないのである。

地方ではもっと条件が悪いだろう。介護保険に任せるという論理は、現実的に破綻している。つまり厚生労働省の言う介護保険への移行は机上の空論でしかないのだ。

では自費で、専門的外来リハビリを受ければいいといっても、多くの大学病院も都立病院も、自由診療は受け付けていない。リハビリを受けるのはどこでもいいというわけにはいかないのだ。やっと見つけた理想的な施設を捨てさせられて、何の受け皿もない状態になってしまった。

維持期リハビリ

脳血管疾患では、確かに一八〇日を過ぎると、麻痺は固定化し、急性期、回復期のように、目だった回復は望めない場合が多い。今回の改正も「回復の効果が明らかでないから」を理由に挙げている。でもこの時期のリハビリは、無限に機能回復を目指したものではない。あるところからは回復は難しい。それは患者自身がよく知っている。

この時期は維持期と呼ばれ、拘縮を防ぎ、筋力を維持することに重点が置かれる。この時期のリハビリは、寝たきりになるのを防ぎ、廃人とならずに社会復帰を促す、大切な医療行為である。維持期のリハビリというのは、そういう意味を持っているのだ。今回の改定はそれを無視し、機械的に一律一八〇日で医療を中止してしまおうというものである。

私と同じように、一八〇日を過ぎた慢性期、維持期の患者でも、リハビリに精を出している患者は少なくない。それ以上機能が低下しないよう、不自由な体に鞭打って、苦しい訓練に汗を流している。なんとしてもドロップアウトすまいと、歯を食いしばってつらい訓練に励んでいるのだ。

今回の改定は、患者の涙ぐましい努力を無視し、その機会を奪ってしまうものである。そういう人たちがリハビリを拒否されたら、すぐに廃人になり、死を待つことになることは、火を見るより明らかである。今回の改定は、「障害が一八〇日で回復しなかったら死ね」という、いわば生存権の侵害に当たる。

このことを、私は四月八日〔二〇〇六年〕の『朝日新聞』の「私の視点」に投稿した〔本書所収「診療報酬改定　リハビリ中止は死の宣告」〕。予想外の反響だった。私と同じように悩んでいる方が、全国に数多くいることがわかった。

リハビリ医療が充実しているという評判の都立大塚病院では、現在通院中の患者の、約八割がリハビリを受けられなくなるという。せっかく育ったリハビリ外来が崩壊する危機にあるのだ。

この病院は、リハビリ医療の充実に力を入れた先進的病院である。スタッフも充実して、患者の入院期間の短縮に実績を上げている。やっと形になったリハビリ医療そのものが、崩壊してしまうことになりかねない。

問題はまだある。今まで全人的に行ってきたリハビリを、臓器別の疾患を対象とする医療行為とみなし、それぞれのリハビリ可能な日数が決められたのである。障害者という「人間」を対象にして行ってきたリハビリを冒瀆するものである。今回の改定によって、リハビリの理念まで変えられてしまったことに、リハビリ科医は怒らないのだろうか。

またリハビリの対象となる患者には、多様性、個別性がある。同じ脳血管疾患でも、右麻痺と左麻痺では障害の質が違う。同じ右麻痺でも、私のように構音障害があるものや、筋緊張が異常に高いもの、上肢に限局しているものなど、一人ひとり症状が違う。リハビリの内容も期間も違う。軽く済んだ人と、不幸にして重い障害を背負ってしまった人のリハビリの必要性は異なる。それを臓器別にひとからげにして上限を決めるとは、医学の知識がよほど低いものが策定したものに相違ない。

罹患臓器別にリハビリの上限を決めるというなら、今度の改定の対象に入っていない泌尿器疾患や内分泌疾患はどうなるであろうか。さらに臓器を超えて傷害を残す、免疫が関係する病気もどこに入るかわかるまい。それとも、いちいち除外規定に、対象になる疾患名を追加してゆくとでもいうのか。こんなことは総合的に医師の裁量に任せるべきなのではあるまいか。心あるリハビリ専門医もプロの療法士も皆怒っているのだ。

何よりも、人間を細切れの臓器に還元する、近代医療に対する不信が叫ばれているときに、総合的、全人的に見なければならないリハビリ医療を、なぜ臓器別医療に組み込まなければならないのか。またテーラーメイド医療まで叫ばれている、癌治療に比べて、あまりにも人間不在、人権無視なのではないだろうか。

合併症の問題

影響を受けるのは、単に維持期リハビリの継続だけではない。前述のように私は昨年〔二〇〇五年〕、前立腺癌の精査のため約三週間入院した。五、六回リハビリを休んだだけだが、以前には五〇メートルは歩けたのに、退院後には立ち上がることすら難しくなった。腕や胸の筋肉も硬く縮んで、伸びなくなった。身体機能はリハビリをちょっと怠ると、瞬く間に低下することを思い知らされた。維持期のリハビリは合併症による機能低下を防ぐためにも必須である。

障害者は、不幸にしてポンコツの自動車のように、一度障害が起こると、次々に体のあちこちに故障が起きる。私は執筆のため一日中パソコンに向かい、車椅子に座りきりのため、尿路感染や麻痺性腸閉塞などを起こし、たびたび入院する。そのたびに体の修理がいる。

車でもひとつ故障を持てば定期的なメインテナンスが必要である。維持期のリハビリには、そうした故障に早期に対応して、なんとか動けるように保つという役割がある。もしそんなことも考えずに、発症からの日数だけで機械的にリハビリを拒否されたら、車は修復不可能になってしまう。

私は前の節で、自分の病歴を詳しく書いたが、一八〇日、つまり半年というと、やっと専門病院である東京都リハビリテーション病院にさんざん待たせられた末に入院を許された時期に当たる。空きベッドを、苦労してやっと見つけることが出来たのだ。これが日本の平均的な医療事情なのである。

一八〇日で打ち切りとなれば、私はリハビリの開始もされなかったことになる。一般の患者にとっては、回復期病棟を見つけることすら容易ではない。それまでに一八〇日くらいかかってしまう場合だってある。そこで期限が来たから打ち切りというのは、あまりにもむごい。

意識障害や、重い合併症で、早めにリハビリを開始できない場合も同じ憂き目に会う。脳血管障害では何日も意識障害が残ることがある。そんな患者がやっと目覚めて、リハビリを始めようとしても、一八〇日を過ぎるとリハビリを開始することすら出来なくなる。これで泣く人も多いと聞いた。

しかも今度の診療報酬改定では、急性期病棟から、回復期病棟に移る期限が、以前の三カ月から、二カ月に短縮された。その間に急性期を脱しなければ、リハビリを受けるチャンスはなくなってしまう。

除外規定の欺瞞

このように問題を露呈した診療報酬の改定に、各方面から苦情が噴出した。何といっても三月末の突然の通告によって、四月一日から実施という拙速さである。患者がうろたえるのは当然である。

医療機関も、切り替えの準備は出来ていない。患者からの質問にも答えられない。「それは今厚生労働省に問い合わせているところです」などと、現場は混乱した。

そのため、まず移行措置として、打ち切りの日数の起算日を、三月三十一日以前に発症し、現在かかっている人に限り、四月一日にするという不思議な逃げ方をした。つまり発症からもう五年たっている私も、平成十八年四月一日発症と見なして、あと一八〇日は全員リハビリを受けられるとするものである。

これで混乱を収拾しようという意図である。四月一日から一八〇日もすれば、問題の根本的解決はなくとも、患者の不安、不満は納まると見たのであろう。でも患者への通知は依然徹底していない。すでに諦めて、通院しなくなったものもいる。

また続出した矛盾に対しては、除外される疾患を定めたり、「疑義解釈について」という文書で、医療機関や患者会の疑義に対して、除外規定を作ったりして批判をかわそうとしている。

改定でも、脳血管疾患では、失語症、失認症など高次脳機能障害のリハビリは一八〇日の制限は受けないことになっている。頭部外傷や重度の頸髄損傷なども除外されていた。わかりにくいのは「神経障害による麻痺及び後遺症には、低酸素性脳症、頭部外傷、溺水、脳炎・脳症・髄膜炎、脊髄損傷、脳脊髄腫瘍、腕神経叢損傷・坐骨神経損傷等回復に長期間を要する神経疾患等が含まれる」である。ここには大多数を占める脳卒中の神経障害はない。その後圧力が強い団体からの請願には、いくつかの除外疾患が追加されたと聞く。

除外疾患をいくら重ねても、根本的矛盾は解決されない。たとえば構音障害のリハビリ治療である。私は失語症ではないが、重度の構音障害で言葉が話せない。発声に使われる筋肉が麻痺したためである。これは高次脳機能障害ではなく運動麻痺だから、失語症のように言葉の意味がわからなくなることはない。だからしゃべれなくても、こうしてものが書けるのだ。

私は都立大塚病院で、言語聴覚士による言語療法を受けている。こちらももう五年になるが、やっとな行、ま行、ら行など、限られた発音がかろうじて出来るようになったばかりだ。

構音障害が四肢の麻痺より回復が遅いことは医師なら誰でも知っている。一年たってやっと声が出るようになる。でもこれは経験ある言語聴覚士の辛抱強いリハビリ治療が必要だ。訓練によって確実に良くなる。発声のための筋肉の力は、遅いけれど回復するからだ。

ところがこの訓練も、失語症ではないから発病から一八〇日で打ち切られることになる。患者は一生話せなくなってしまう。このリハビリには高度に専門的なスキルがいる。構音障害は除外規定には入っていないから、私はリハビリを受けられないことになるのだ。途方にくれるしかない。

この原稿を書き終わった二〇〇六年、五月十日に新たなニュースが入った。衆議院厚生労働委員会で、阿部知子議員が私の『朝日新聞』への投書を引いて、リハビリ打ち切りの不当さについて質問した。ご自身が医者でもある阿部議員は、問題を的確に指摘した。

しかし、厚労省の水田邦雄参考人の答えは、「脳血管疾患についてでございますけれども、神経障害による麻痺および後遺症についても算定日数上限の適用除外としてございまして、たとえば広範囲の脳梗塞の場合など、これが今申した神経障害による麻痺および後遺症として、リハビリテーションを継続することにより状態の改善が期待できると医学的に判断されるものであれば、算定日数の上限の適用除外となるものと考えます」というものであった。

これは四月十三日の参議院厚生労働委員会での、共産党の小池晃議員の同じ趣旨の質問への答弁と同じく、私のような小うるさい例は、除外規定で許してやろうという無理な裁量に他ならない。除外規定を読んでみると、「障害児（者）リハビリテーション料に規定する疾患」の中の神経障害による麻痺及び後遺症として挙げられた低酸素性脳症、頭部外傷、溺水、脳炎・脳症・髄膜炎、脊髄損傷、脳脊髄腫瘍、腕神経叢損傷・坐骨神経損傷等回復に長期間を要する神経疾患等が含まれるが、脳梗塞は書いてない。医者もそれを素直に読んで、リハビリ中止を宣告したのだ。どうやら大多数を占める脳血管疾患を、最後の「等」に入れて批判をかわそうという戦術らしい。

答弁でも「ただこれが維持期のリハビリということになりますと、介護保険の認定を受けて通所リハビリを受けていただく……」と、念を押している。これでは何の役にも立たない。阿部議員の質問の趣旨は、維持期のリハビリ中止の不当性であったのに、今回の質疑でも逃げられてしまった。

不幸にして障害を持ってしまった人にとって、リハビリの継続は死活問題である。社会にとっても、障害者の身体機能の維持は、寝たきり老人を防ぎ、医療費を抑制する予防医学にもなっている。医療費の抑制を目的とするなら、逆行した措置である。

リハビリ中止は人権問題

何よりも、必要な治療が受けられないような保険制度で、障害者の生存権まで侵害されるとは、一体この国は何をしているのであろうか。それが医療費の抑制以前の、基本的人権に関するものであることは間違いない。

回復が期待できないから中止するというのなら、ほかの難病や慢性疾患の医療はどうなるであろうか。糖尿病も、腎不全も治癒は望めない。一八〇日とは言わないが、糖尿病で維持的治療の上限をもうけて打ち切ったら、患者は死ぬほかはないだろう。腎不全でも、あなたは効果が上がらないからといって透析を止めれば、殺人行為である。

回復する見込みがないのは、脳卒中でも同じことではないか。一八〇日で維持期のリハビリを打ち切れば、患者は寝たきり老人になり、生命の危険を招く点で同じなのである。回復は望めないがそれ以上の悪化を防ぎ、命の質（QOL）を維持させる医療がリハビリだからだ。ほかの慢性疾患の維持的治療と変わらない。

糖尿病や腎不全のようにはあからさまな人権無視には見えないから、この際声の小さい障害者に泣いてもらって、保険医療の打ち切りを断行しようというつもりであろうか。声をあげることの出来ない社会的弱者を、真っ先に槍玉に挙げて、将来の医療費削減の前哨戦にするのか。

今後ほかの疾患でも保険診療打ち切りが堂々と行われる可能性がある。実際健康保険給付の制限が今国会でも審議されようとしている。リハビリ打ち切り問題が、健常者にも対岸の火事ではないといったのは、こういう理由である。

障害者の権利を削って、医療費を浮かそうというなら、この間ニュースをにぎわした、障害者のためのスペースを商業施設に流用した東横インよりも悪質である。それを国が行おうとしているのだから、この国に生まれたことを悲しく思う。

何よりも、リハビリに対する考え方が間違っている。リハビリは単なる機能回復ではない。社会復帰を含めた、人間の尊厳の回復である。話すことも直立二足歩行も基本的人権に属する。それを奪う改定は、人間の尊厳を踏みにじることになることに気づいて欲しい。

小泉首相に問いたい。

障害を持ってしまった者の人権を無視した今回の改定によって、何人の患者が社会から脱落し、尊厳を失い、命を落とすことになるか。そして一番弱い障害者に「死ね」と言わんばかりの制度を作る国が、どうして福祉国家といえるのであろうか。

私は、このように矛盾だらけで非人間的な上限日数によるリハビリの打ち切りは、即刻撤廃すべきだと思う。少々の除外規定を積み重ねても、患者も国民も納得しないだろう。せめて二年後には、もっと人間味のある案を提出すると約束して欲しい。

四四万人の署名を厚労省に提出したときの声明文

本年〔二〇〇六年〕四月の診療報酬改定では、必要に応じて受けるべきリハビリ医療が、原則として、発症から最大一八〇日に制限されてしまいました。個々の患者の病状や障害の程度を考慮せず、機械的に日数のみでリハビリを打ち切るという乱暴な改定です。それも、国民にほとんど知らされることなく、唐突に実施されてしまったのです。

障害や病状には、個人差があります。同じ病気でも、病状によりリハビリを必要とする期間は異なります。また、リハビリ無しでは生活機能が落ち、命を落とすものもいます。障害を負った患者は、この制度によって生命の質を守ることが出来ず、寝たきりになる人も多いのです。リハビリは、私たち患者の最後の命綱なのです。必要なリハビリを打ち切ることは、生存権の侵害にほかなりません。

こうした国民の不安に対して、除外規定があるから問題はないと、厚労省は言います。しかし、度重なる疑義解釈にもかかわらず、現場は混乱するだけで、結果として大幅な診療制限になっているのです。

このままでは、今後現在のリハビリ外来や、入院でのリハビリが崩壊し、回復するはずの患者も、寝たきりになる心配があります。リハビリ医療そのものが、崩壊する恐れがあるのです。さらに厚労省は、医療と介護の区別を明確にしたと言います。しかし、医療のリハビリと介護のリハビリは全く異質なものです。介護リハビリでは、医師の看視のもとで厳格な機能回復、維持の訓練のプログラムを実施することは出来ません。

リハビリは、単なる機能回復ではありません。社会復帰も含めて、人間の尊厳の回復なのです。リハビリ打ち切り制度は、人間の尊厳を踏みにじるものです。

私達、「リハビリ診療報酬改定を考える会」は、この、打ち切り制度の撤廃をめざして、五月十四日から全国で署名活動を行いました。その結果、わずか四〇日余りで、四十数万人もの署名を集めることができました。これは、国民の三〇〇人に一人が署名したことになります。

この、国民の声は、もはや圧殺できるものではありません。

厚労省は、非人間的で乱暴なこの制度改定を謙虚に反省し、リハビリ打ち切り制度を白紙撤回すべきであります。私達はこれを強く要請します。

二〇〇六年六月三十日

メッセージ――十月二十六日、リハビリ日数制限の実害告発と緊急改善を求める集会

「リハビリ日数制限の実害告発と緊急改善を求める集会」にお集まりの皆さん。ご来賓の皆様方。私は今、体調不良のため出席できません。代わりにメッセージをお送りすることをお許しください。

今回の診療報酬改定によるリハビリ打ち切りは、障害を負った患者の「再チャレンジ」の機会を奪い、ひいては生存権まで危うくする非人間的なものです。除外規定はあるものの、患者の個別性をまったく無視し、一律機械的に、日数で診療を打ち切るという乱暴な制度は、決して容認できるものではありません。国民的な署名運動を無視し、苦しんでいる患者の声を聞こうとしない厚労省に、断固として緊急な改善を求めていこうではありませんか。

すでに有名な社会学者の鶴見和子さんのような、犠牲者も出ています。彼女は脳卒中でリハビリを続けていましたが、リハビリが制限されてまもなく、起き上がれなくなって、去る七月〔二〇〇六年〕に亡くなったのです。このように放置すれば急速に機能を失い、命の危険がある患者も多いのです。私たちは調査の結果など待っていられない。こんな悲劇を繰り返さぬために、す

ぐさま緊急停止ボタンを押すように、働きかけましょう。

私たちの声は小さくても、いま確実に国民に浸透しつつあります。メディアも注目しており、国会質問では幾度となく取り上げられています。すでに厚労省も無視できない訴えとなっています。

そこに流れているのは、署名に参加した四四万人の声のみならず、多くの心ある国民の叫びでもあります。この改定の緊急の見直しを実現させるために、国会議員の皆様の力強いご支援をお願いし、また患者、医師の悲痛な声が、為政者の良心に届くようメディアの方にもお願いします。

リハビリ制限は、平和な社会の否定である

社会学者の鶴見和子さんは、十一年前〔一九九五年〕に脳出血で左半身麻痺となった。一〇年以上もリハビリテーション〔リハビリ〕の訓練をたゆまず行い、精力的に著作活動を続けていたが、今年〔二〇〇六年〕になって、理学療法士を派遣していた二カ所の整形外科病院から、いままで月二回受けていたリハビリをまず一回だけに制限され、その後は打ち切りになると宣言された。医師からは、この措置は小泉さんの政策ですと告げられた。

その後間もなくベッドから起き上がれなくなってしまい、二カ月のうちに、前からあった大腸癌が悪化して、去る七月三十一日に他界された。直接の死因は癌であっても、リハビリの制限が、死を早めたことは間違いない。

その証拠に、藤原書店刊『環』誌に掲載された短歌に、

政人《まつりごとびと》いざ事問わん老人《おいびと》われ生きぬく道のありやなしやと

寝たきりの予兆なるかなベッドよりおきあがることできずなりたり

とある。同じ号の、「老人リハビリテーションの意味」という最後のエッセイでも、「これは、費用を倹約することが目的ではなくて、老人は早く死ね、というのが主目標なのではないだろうか。（中略）この老人医療改定は、老人に対する死刑宣告のようなものだと私は考えている」と述べている（『環』二六号、藤原書店）。

私は、この痛ましい事件の発端となった、リハビリ診療報酬改定の流れをもう一度振り返って、問題点を見直してみたい。

*

二〇〇六年三月に、私たち障害を負ってリハビリを続けている患者に、驚天動地の通達があった。保険医療の診療報酬制度が改定され、これまで必要に応じて保険診療が受けられたリハビリ医療が、一部の疾患を除き原則として発症から最大一八〇日に制限されるというものである。脳血管障害によるものでは、一八〇日を過ぎればリハビリ医療が受けられない。効果がはっきりとしないリハビリが、長期にわたってだらだら続けられているからというものであった。

それにはしかし、例外規定というものがついている。一部の難病や、脊髄損傷、高次脳機能障害、頭部外傷、重度の頸髄損傷など限られた疾患は一八〇日の制限には入らない。また神経障害による麻痺及び後遺症というのも除外されているが、その例としては、低酸素脳症、頭部外傷、溺水、脳炎・脳症・髄膜炎、脊髄損傷、脳脊髄腫瘍、腕神経叢損傷・坐骨神経損傷等回復に長期間を要する神経疾患等が含まれるのみである。しかし患者の大多数を占める、脳血管障害による麻痺とも、脳卒中とも、一言も書いてない。このため医療機関は脳血管障害の患者は除外されないものとして診療打ち切りを宣告したのである。

この除外規定に洩れたものは、症状がどうあろうと、すべて一律機械的に、上限日数で治療が打ち切られてしまう。さらにリハビリ医療を、今までの総合的医療ではなく、疾患系統別に「脳血管疾患」「運動器疾患」「呼吸器疾患」「心血管疾患」の四系統に大別し、それぞれ発症から、一八〇日、一五〇日、九〇日、一五〇日以内に制限することも決まった。

四月一日からこの制限が実施されるに及んで、患者には直前まで周知されることはなかった。数日前になって、突然、今受けているリハビリが受けられないことを宣告されたのである。驚天動地といったのはこのことである。

予想された混乱を回避するためにか、厚労省は異例の経過措置を作った。現在治療を受けているものに限って、制限日数を発症からではなくて、四月一日から起算してもいいという苦肉の策を講じたのである。

しかし、この乱暴な改定によって現場は混乱をきわめ、早々と打ち切られたものや、自分は除外されるのか、いつ打ち切られるかわからないなど、不安におびえる患者が続出した。医療機関も混乱して、患者の疑問に答えられず、曖昧な対応をとるしかなかった。まず、この乱暴な制度改定の問題点を検証してみよう。

第一にこの改定によって、リハビリに最後の回復の希望を託していた患者や障害者が、希望の綱を断ち切られた。リハビリのような息の長い治療を受けていたものが、唐突に日数だけで打ち切られると言われたのだ。

第二に、患者の障害の個別性、症状の違いなどは完全に無視されている。リハビリというのは、ある患者は二週間の実施で充分であるが、別の患者は、何年もかかって徐々に良くなるというものである。一律に、機械的に日数制限を決めるとは、あまりにも乱暴だ。

第三に、リハビリは無限に機能回復を期待するものではない。障害を負った患者の残存機能を維持すること、それ以上の機能低下を予防し、寝たきりの廃人となることを防ぐことも重要な役割である。筋肉の拘縮や、廃用症候群のような悲惨な転帰を防ぐこと、障害の苦痛を少しでも軽減し、生活の質（QOL）を高めるのも、リハビリの大切な目的である。

それを制限すると、障害者、患者の社会復帰を阻害し、ひいては寝たきりになり、命を縮めることになる。リハビリを奪うことは、患者の生存権まで侵害する行為となる。

郵便はがき

料金受取人払

牛込局承認

8643

差出有効期間
平成31年1月
14日まで

162-8790

（受取人）

東京都新宿区
早稲田鶴巻町五二三番地

株式会社 藤原書店 行

ご購入ありがとうございました。このカードは小社の今後の刊行計画および新刊等のご案内の資料といたします。ご記入のうえ、ご投函ください。

お名前	年齢
ご住所 〒 TEL　　E-mail	
ご職業（または学校・学年、できるだけくわしくお書き下さい）	
所属グループ・団体名　　連絡先	
本書をお買い求めの書店 市区郡町　　書店	■新刊案内のご希望　□ある　□ない ■図書目録のご希望　□ある　□ない ■小社主催の催し物案内のご希望　□ある　□ない

書名

読者カード

●本書のご感想および今後の出版へのご意見・ご希望など、お書きください。
（小社PR誌『機』に「読者の声」として掲載させて戴く場合もございます。）

■本書をお求めの動機。広告・書評には新聞・雑誌名もお書き添えください。
□店頭でみて　□広告　□書評・紹介記事　□その他
□小社の案内で　（　）　（　）　（　）

■ご購読の新聞・雑誌名

■小社の出版案内を送って欲しい友人・知人のお名前・ご住所

お名前　ご住所　〒

□購入申込書（小社刊行物のご注文にご利用ください。その際書店名を必ずご記入ください。）

書名　冊	書名　冊
書名　冊	書名　冊

ご指定書店名　住所

都道府県　市区郡町

＊

私は『朝日新聞』の「私の視点」に、このことを「リハビリ中止は死の宣告」という題で投書した（二〇〇六年四月八日付。本書所収）。患者の権利を削って、医療費を浮かすとすれば、障害者のためのスペースを商業施設に流用した東横インよりも悪質であると書いた。それが予期しなかった国民的反響を呼んだことは後に書く。

厚労省は、除外規定があるのだから問題ないというが、そこに書かれた除外例は曖昧で役に立たない。何より、そこから漏れる疾患で、致命的なものが少なくないのである。

脳卒中の後遺症では、機能維持のためのリハビリを、生き延びるために必要としているものがたくさんいる。鶴見和子さんもその一人であった。多くは重い障害を背負って、苦しんでいる高齢者である。彼らは、除外規定に入らないという理由で、リハビリを継続できない。リハビリを奪われたら、急速に機能が低下し、生き延びることができなくなる。生命の危険を伴うのだ。

今回の改定は、治療を必要としている患者を、直接に保険医療の対象から外すという、保険制度始まって以来初めての、患者「切り捨て」である。それが堂々と行われたのである。それも、声を上げることのできない高齢者や、中途障害者を狙い撃ちにしたのだ。

治療を拒絶され、行き場を失った患者は、医療難民と呼ばれる。脳血管障害の後遺症のリハビリは、目だった改善が期待されないからという理由で難民となる。彼らは、機能維持のための訓練を受けることができなくなった結果、社会から脱落し、難民として命を落とす。鶴見さんと同じように、急速な機能低下が待っているからである。打ち切りに対する不安と恐怖を持っている難民が大勢いることを、制度を作った厚労省は顧慮しない。

五月十日に行われた衆議院厚生労働委員会で、社民党の阿部知子議員が、私の『朝日新聞』への投書を引いて、脳卒中患者のリハビリ打ち切りの不当性について質問した。厚労省の水田邦雄参考人の答えは、「脳血管疾患についてでございますけれども、神経障害による麻痺および後遺症についても算定日数上限の適用外としてございまして……」と、いままで打ち切りの対象だった脳血管疾患を、一転して神経障害という異質なものにひっくるめて、以前からリハビリ継続を認めているかのような答弁をした。

しかし、すぐに言葉をついで、「ただこれが維持期のリハビリということになりますと、介護保険の認定を受けて通所リハビリを受けていただく……」と、前言の内容を否定している。何とお粗末な答弁か。これでは何の役にも立たない。質問は、機能維持のためのリハビリ継続の可否を聞いたのに、病名は認めても、治療は認めないというのだ。

では百歩譲って、水田氏のいう介護保険の通所リハビリに、多くの脳血管疾患の患者が移行できるのだろうか。私は区役所に電話して聞いたが、答えは否であった。介護保険の通所リハビリは、主に認知症を予防するための老人相手のレクリエーションのようなものであり、お絵かきや唱歌の時間が中心で、リハビリの訓練は一〇分程度しか取れないのである。医療リハビリとは根本的にレベルが違う。理学療法士ほかの医療スタッフもゼロに等しい。

介護保険と医療保険とでは、もともと目的が違うのである。介護保険の給付が受けられる年齢に達していない人はどうするのだろうか。さらに、介護保険の施設では、リハビリ設備は比べ物にならないほど貧しく、新しく患者を受け入れられるほど充実してはいない。このようにして、机上の空論を並べた答弁は、維持期の患者を、行き場のない難民にしてしまったのである。

＊

前述の『朝日新聞』への私の投書は、国民的共感を呼び、全国的にリハビリ打ち切り反対の署名運動に発展した。呼びかけから四〇日あまりの短期間に、署名は四四万四〇二二名に達した。私は六月三十日に、患者の皆さんと一緒に、厚生労働省の担当官に署名簿を手渡した。これは、国民の二九二人に一人が署名したものである。

締め切り後にも署名は増え続け、最終的には四八万人を超えた。運動がこれほどまでの高まりを見せたのは、福祉が切り捨てられる格差社会において、医療難民が出る不安が増大していることを、庶民が敏感に感じ取っていたからに違いない。市民運動の力を、これほどまで感じたことはない。庶民は黙ってはいないのだ。

マスコミもニュースで取上げたほか、地方新聞も含め二〇紙あまりが、社説で打ち切りを批判した。特に地方新聞が声を上げたのは、被害が全国的に広がっていることの証拠である。

しかし厚労省は、今日に至るまで何の返答もしていない。四四万人の声を握りつぶそうとしているのだ。そういううちにも、経過措置として設けられた、発症からではなく四月一日から起算して一八〇日で打ち切るという移行措置期間が過ぎてしまった。医療機関も切り捨てを実行しようとしている。難民がいま、あふれ出そうとしているのだ。

厚労省は何も問題が起こっていないから、このまま切り捨てを断行してもいいと思っているようだが、声を上げることのできない難民は、黙って従うよりないのである。医療現場では泣く泣くリハビリを打ち切られた患者は数多いし、まだ打ち切られなくても、いつ宣告されるかと不安におののいているものが少なくない。

医療機関も悩み続けている。早々と打ち切りを宣告したところや、明日はどうなるかわからないところなど、不安と混乱が続いている。悪法であっても、違法すれすれで病名を変えたり、初診日を偽ったりするのが良心ある医師という、本末転倒の現象もあると聞いている。患者の生死がかかっているなら、そうせざるを得まい。馬鹿馬鹿しいでは済まされない。

＊

これまでの保険医療制度改定では、患者負担増の流れはあったが、患者を直接に保険対象から外す「切り捨て」は初めてである。これを契機に、今後さまざまな慢性疾患の保険診療に日数制限が設けられるようになることは必至である。たとえば、糖尿病の維持的療法や腎不全の透析に、日数制限が設けられれば殺人行為になる。維持期のリハビリも同じことである。

今回の改定は、「障害が一八〇日で回復しなかったら死ね」と言うのも同じことである。私は大げさに言っているのではない。物言わぬ犠牲者がすでに出ているのだ。

この改定で得をするものはいないか。国民皆保険制度が崩壊すれば、一部の裕福な層が医療を独占し、外資系保険会社が甘い汁をすするだろう。その後ろに、立ち行かなくなった国立病院を安く買いあさっている、巨大な医療資本の影があることにも気づかなければならない。

身体機能の維持は、寝たきりを防ぎ、医療費を抑制する予防医学にもなっている。打ち切りが、医療費の抑制を目的とするなら、逆行した措置である。

何よりも、リハビリに対する考え方が間違っている。リハビリは単なる機能回復訓練ではない。心身に障害を負ったものの社会復帰を含めた、人間の尊厳の回復、全人的復権である。言葉をしゃべる能力も直立二足歩行を回復することも基本的人権に属する。それを奪ってしまう改定は、人間の尊厳を踏みにじる行為になる。

障害を負った患者の人権を無視した今回の改定によって、何人の患者が社会から脱落し、尊厳を失い、命を落とすことになるか。そして一番弱い障害者に「死ね」と言わんばかりの制度を作る国が、どうして福祉国家といえるのであろうか。

切り捨ての効果は、普通の患者ではすぐには現われない。真綿で首を絞めるように、じわじわと生活機能を奪っていく。事故が起こってからでは、それを訴えることもできなくなるのだ。

もうひとつ見逃せないことがある。それはいまになっても、リハビリ医学会が沈黙していることである。これほどの社会問題となったリハビリ打ち切りを、一方での当事者として知らぬ顔で見過ごすのは、まるで打ち切りを支持しているように見える。真っ先に声を上げるのが医学会の常識であろう。犠牲者が出るのを黙認したら、職業団体の義務を放棄したものとして、長く医学界で軽蔑されるであろう。

＊

もうひとつの観点を最後に述べよう。鶴見和子さんは、先のエッセイにこう述べている。「戦争が起これば、老人は邪魔者である。だからこれは、費用を倹約することが目的ではなくて、老人は早く死ね、というのが主目標なのではないだろうか。老人を寝たきりにして、死期を早めようというのだ。したがってこの大きな目標に向かっては、この政策は合理的だといえる。」

「老人は、知恵を出し合って、どうしたらリハビリが続けられるか、そしてそれぞれの個人がいっそう努力して、リハビリを積み重ねることを考えなければならない。

老いも若きも、天寿をまっとうできる社会が平和な社会である。生きぬくことが平和につながる」と続けている。

だからこの問題は、リハビリ医療だけの問題ではない。こんな人権を無視した制度が堂々とまかり通る社会は、知らず知らずに戦争に突き進んでしまう社会になる。

老人も障害を持った患者も生き延びねばならない。鶴見さんの言うように、それが平和を守ることにつながるのである。その意味でも、この制度改定には断固として反対しなければならない。それが鶴見さんの遺志でもある。

リハビリ制度・事実誤認に基づいた厚労省の反論

　昨年〔二〇〇六年〕四月から実施されたリハビリ医療の日数制限は、四四万人の反対署名を無視し、障害を持った患者の苦しみをよそに、まもなく一年を迎える。澎湃《ほうはい》として湧き上がった国民の批判に、厚労省の原徳壽医療課長が、やっと昨年十一月七日の「私の視点」〔『朝日新聞』〕に、「患者切り捨て批判は誤解」と言う反論を寄せた。しかし、この反論は事実歪曲に基づいた文字通り嘘で塗り固めたものであった。

　第一に、原氏が受け皿として十分だとした、全国六千カ所に及ぶという介護保険の通所リハビリ施設である。人口二万人にひとつという この数字は、老人ホームなどのデイケアーサービスの数である。そのうちでリハビリを実施しているのは医療機関に付設されたごく僅かだけしかない。私の住む人口一八万人の文京区でも四施設しかない。六千カ所もあるから大丈夫というのはまやかしだ。

　何よりも提供されるリハビリの内容が問題だ。一般に通所リハビリは、数時間もの拘束があり、その間お絵かき、唱歌などのレクレーションが主で、肝心のリハビリは一〇分程度の体操に過ぎない。専門の療法士も少なくレベルも格段に低い。受け入れ可能の人数、年齢にも制限がある。機能を維持回復して、再チャレンジしようとしても、まるで役に立たない。

また今回の改定が、脳卒中で倒れた患者の、回復期、自然治癒期に、重点的に手厚いリハビリ医療を施すというメリットだけが強調されているが、それが慢性期、維持期の患者切り捨ての犠牲の上に行われているという矛盾を考えようとしない。もともとリハビリ打ち切りがかくも問題になったのは、必要とする維持期の患者を切り捨てるという暴挙のせいである。そのために機能が落ちて生命の危険に落とされる人が出ることには何も答えていない。

大変なことまでが発覚した。上限日数を決めたのは、「高齢者リハビリ研究会」の専門家によって、「効果の明らかでないリハビリが長期間にわたって行われている」という指摘があったと繰り返し語られてきたが、十一月二十八日の衆議院厚生労働委員会で、社民党の福島みずほ党首の質問で、そんなことは論議もされていないことがわかった。高齢者リハビリ研究会の議事録をどんなに詳細に読んでみても、そのような指摘は一度もなされていない。その上、一八〇日の上限日数など、議論された形跡はない。こんな大きな影響の出た指摘が議事録に載っていないのだ。

水田邦雄保険局長は、「議事録には載っておりませんけれども、一般論として申し上げまして、委員が共通認識として持っていることであれば、それは最終報告書の段階で意見集約、調整の段階でそれが報告書に盛り込まれるということはそれはあり得ることであろうし……」と答えにならない答弁をしている。

リハビリ医学の一般論では、一八〇日までに回復できるのは約八割程度の患者に過ぎない。そういう患者はこれまでも一五〇日までに治療を終了していたが、残りの二割のうち、重度の障害を残しているものは、その後も何らかの維持的治療を続けている。その中にはリハビリで機能を維持しさえすれば、再チャレンジできる人も多い。しかしこの治療を中止すると、早晩寝たきりになり命を落とす。機能維持のリハビリを打ち切ることはこの種の患者の死刑宣告となる。

リハビリ医学会の最近の調査では、二二六人の専門医のうちこの改定に賛成のものは七パーセントに過ぎなかった。また五六パーセントは上限日数の設定そのものを見直すべきと答えた。これが専門家の意見なのである。

患者は、リハビリを漫然と続けているわけではない。中止すれば急速に機能が衰え、寝たきりになる恐れがある。涙ぐましい努力で戦っているのだ。リハビリは自主的な運動などでは代替できない医療なのだ。一部惰性的にリハビリを続けていた患者がいたからと、すべての患者に一律に日数制限を課すというのが、乱暴ではないというのか。

今まで医療費負担が増えるという改定はあったが、医療そのものを制限するというのは、健康保険制度始まって以来初めてである。

最近の全国保険医団体連合会の調査によれば、二〇都道府県の五六二の医療機関で一万七千余人もの患者がリハビリ医療を打ち切られて泣いていることが報告されている。難民は確実に出ている。打ち切り批判は「誤解」ではないことは確実だ。

すでに二〇紙以上の全国の新聞が、打ち切り反対の社説や論説を掲載している。その声は厚労省の耳にも届いているはずだ。このあたりで頑なな姿勢を捨てるべきだと思う。

リハビリ打ち切り問題と医の倫理
――根拠を失ったリハビリ打ち切り制度を白紙撤回せよ――

リハビリ打ち切り問題が未解決のまま年を越してしまった。事態は改善されないばかりか、制度の矛盾はますます広がり、患者の苦しみは増すばかりである。「リハビリ難民」という新語も、注釈なしで通用するようになった。この問題を見過ごすことができないのは、今後の福祉、医療行政に大きな影響を持つばかりでなく、「医の倫理」が踏みにじられているからである。

リハビリ問題といってもなじみのない一般の人に、まず事件の経緯を簡単に述べてから、問題の本質に迫ることにする。

リハビリ打ち切りは医療破壊の始まり

発端は昨年〔二〇〇六年〕三月にリハビリ治療を受けていた患者に、突然突きつけられた驚くべき通知であった。必要によって受けられるはずのリハビリ治療に日数の制限が設けられたというのである。発病後一定の日数が来たら、いくら必要でも、リハビリ医療は中止されるという信じられないものだった。

少し詳しく述べると、改定の骨子は次の三点である。まず、障害の原因となった疾患によって、脳血管疾患、運動器疾患、心血管疾患、呼吸器疾患によるものなどに区別された。いままで全人的に行われてきたリハビリ医療を、細切れの疾患の治療に還元してしまったのだ。またリハビリ科という専門性も無視された。

改定の第二は、それぞれの疾患に対して、保険で受けられるリハビリ医療に、上限日数が設けられたのである。最長は脳血管疾患で一八〇日、最短は呼吸器疾患の九〇日である。たとえば脳卒中の後遺症では、発症後一八〇日を過ぎれば、たとえよくならなくとも、それ以上のリハビリ治療は受けられない。

発病後五年を経過した私などは、当然リハビリを受けることが出来ないことになる。その後は、悪くすると寝たきりになるか、衰弱死の危険性さえある。そういう不安を持つ患者がこの改定によって、大勢出たのだ。

しかも、それが実施直前まで患者には周知されず、突然言い渡されたのである。患者がパニックに陥るのは当然であった。脳卒中による重度の麻痺では、長期にわたる根気強いリハビリ治療が不可欠である。希望を持って続けてきた患者に、あまりに残酷な通告であった。

これは健康保険制度が始まって以来、初めての患者切り捨てであった。今まで医療費の負担増加の改定は行われてきたが、治療を中止するというような乱暴な改定はなかった。

生きるために必要なリハビリが切り捨てられることは、患者にとっては死刑宣告であった。リハビリを最後の命綱としている患者にとっては、生きる希望を失うことであった。

この措置は、小泉医療改革の一端として行われたものだが、その最大の理由として、「効果がはっきりしないリハビリが漫然と行われている」という指摘が、専門家から寄せられたからと、私たちは説明されていた。その根拠が、あやふやなものであったことは後でわかる。

改定の第三点は、急性期、回復期のリハビリを充実したという点である。急性期リハビリを充実させるのは歓迎するが、その「代わり」に慢性期の患者は見殺しにするというのはあまりにも乱暴な話だ。それが二者択一の問題でないことは子供にもわかるではないか。要するに制度の設計に問題があったのだ。

実施に当たっては、現在リハビリを受けている患者に限って執行猶予期間が設けられた。発病の日からでなく、四月一日を起算日として数えるという。

また失語症や失認症、高次脳機能障害、重度の頸髄損傷などのごく限られた除外疾患が設けられた。しかしこの除外規定は、適用となる疾患がはっきりしなかった。リハビリを継続的に必要とする脳血管障害の患者には除外規定の適用はないというのが、その時点での解釈だった。後に疑義解釈で、「明らかな改善の認められる症例」に限って除外されるとされたものの、機能維持のためのリハビリは打ち切るという方針に変わりはなかった。

この措置を突然医師に言い渡されて、現場は混乱した。希望を持ってリハビリに励んでいた患者は絶望し、猶予期間に置かれたものは、将来の打ち切りの不安におののいた。説明も二転三転した。医療機関によって解釈はまちまちで、しっかりした基準が示されなかったのだ。この混乱は現在でも続いている。

癌の手術のためリハビリを休んだので、運動機能が落ちて立つことさえできなくなった私は、懸命にリハビリに励んでいたが、目の前が真っ暗になった。もし中止されたら、いままでの努力が水泡に帰する。そうなったらもう再起はできない。

私は、『朝日新聞』の「私の視点」に「リハビリ中止は死の宣告」という投書を送って、この乱暴な制度改定の不当さを訴えた。四月八日〔二〇〇六年〕に掲載されたこの投書は、国民的共感を呼び、全国的なリハビリ打ち切り反対の署名運動に発展した。呼びかけから四〇日あまりの短期間に、四四万四〇二二名の署名が集まった。私は六月三十日に患者の皆さんと一緒に、厚生労働省の担当官に手渡した。これは、国民の二九二人に一人が署名したことになる。

署名は締め切り後も増え続け、最終的には四八万人を超えた。この問題が、いかに市民の関心を呼んだかがわかる。決して対岸の火事などではなく、いつ自分や両親の身に降りかかってくるか知れない問題であるばかりか、障害を負って苦しんでいる患者の生存権まで脅かす残酷なものであることを、国民は敏感に感じ取ったからであろう。

厚労省の対応

四四万の署名を受け取った厚労省は、どうしたであろうか。まったく何の反応も示さなかった。十月にいたって、患者に設けられた執行猶予期間が切れようとしても、沈黙を守ったままだった。四八万の民の声は無視されたのである。

その間に多くの患者が治療を打ち切られ、不幸な事例が数多く新聞報道で報じられた。二〇紙あまりの新聞が打ち切りに反対する社説を掲げ、患者の困惑は新聞やテレビで報道された。国会質問でも何度も取り上げられたが、そのたびに厚生官僚はあいまいな答弁で逃げ続けた。狡猾な厚労省は、澎湃と湧きあがった非難の声が静まるのを待っていたのだ。

十一月に入って、厚労省の原徳壽医療課長が、十一月七日の『朝日新聞』の「私の視点」に、「患者切り捨て批判は誤解」と言う反論を寄せた。個人名とはいえ、厚労省の役人が正式の見解を表明したのは初めてであった。しかしこの反論は、事実歪曲に基づいた欺瞞的なもので、従来の見解の繰り返しに過ぎなかった。切実な反対運動に、更なる「誤解」を注入するものであった。

私はすぐさま『朝日新聞』の同欄に、反論を投稿したが採用されなかった。同じ問題で同一人が何度も登場するのは好ましくないとの編集部の判断からだった。

原課長の論点とその問題点は次のようである。まず患者切り捨てなどは誤解で、その後のリハビリは介護保険で受けられる。介護保険の通所リハビリの施設は、全国に六千カ所も設置されているからそちらで受ければいいという論点である。

しかし全国で六千という数字はにわかには信じ難い。私の住む人口一八万人の文京区でも、介護保険の通所リハビリは四施設しかない。地方ではもっと少ないことがわかった。老人ホームのデイケアーサービスまでひっくるめた数字だったら論外だ。デイケアーサービスには療法士一人さえいないところが多く、リハビリをやっているところは少ない。

六千カ所という数字に粉飾があることは、同じ『朝日新聞』に掲載された「リハビリ施設絶対数が不足」という、介護現場を熟知している居宅支援事業者の辻本きくお氏の投書からも明らかである。彼の住む世田谷区でも、介護リハビリを実施しているのは数カ所しかなく、それも常に満杯で、急激な患者の増加に対応できるものではないと訴えている。

また、十一月十日の参議院厚生労働委員会に行われた社民党の阿部知子さんの質問に対する国会答弁でも、当の厚労省の水田邦雄保険局長は、「介護保険の方で、受け皿がないじゃないかというご指摘ですけれども、大変つらいある意味での選択でございます」と、自ら不備を認めている。原氏の、「施設が六千もあるから充分だ」との言い分には嘘があることは明らかだ。

また介護のリハビリと医療リハビリでは、目的もやり方も違う。一般に通所リハビリでは、何時間ものレクレーションや食事の拘束時間があり、肝心のリハビリは一〇分程度の体操しか行われていないという指摘もある。療法士もリハビリの設備も格段に貧しい。

それに介護保険の対象にならない患者もいるのを忘れてはならない。ことに若くして倒れた脳血管障害や、ポリオなどの後遺症、筋ジストロフィーのような進行性の病気に対する介護のリハビリはない。上限日数が撤廃されない限り、このような救われない患者が必ず出る。

原氏の第二の論点は、今回の改定が脳血管疾患の患者の、回復期、自然治癒期に、重点的に手厚いリハビリ医療を施すためになされたものであるという点である。繰り返しになるが、私たちが問題にしているのは、回復期に適当な治療が受けられなかったなどの理由で、障害が進行して苦しんでいる患者はどうするのかという問題である。必要なリハビリを継続できなくなった難民の救済はどうするか、という問題には答えてはいない。

脳血管疾患による麻痺では、およそ七〇~八〇パーセントの患者は、約一五〇日以内によくなるものはよくなるというのがリハビリ医の間の一般論である。そのような定型例では、一定の期限で治療を終了しても生命に支障がない場合が多い。

しかしあとの二〇~三〇パーセントの非定型例の中には、治療を止めれば機能がどんどん落ちて廃人になるものがいることも、リハビリ医なら誰でも知っている一般的な事実だ。

これまでも、大多数の定型例は、一五〇日程度のリハビリで治療を終了して来た。しかしあとの二〇~三〇パーセントのうち、重度の障害を持った非定型例では、人間らしい生活を送れるように何らかの維持的治療が続けられてきた。それを打ち切れば、寝たきり、衰弱死などの「問題症例」が出る。

リハビリに通っている人は、ただ習慣的に、漫然と続けているわけではない。リハビリのある日は、雨が降っても、雪が降っても、車椅子を押してもらって病院に通っているのだ。それに対して「漫然としたリハビリ」とか「訓練人生」などと揶揄した表現は、患者の生きようとする意欲に対する冒瀆である。〔中略〕

打ち切りの理由に粉飾の疑い

「効果のはっきりしないリハビリが長期にわたって漫然と行われている」という専門家の指摘が、今度の診療報酬改定の最大の理由として、何度となくくり返されてきた。「高齢者リハビリテーション研究会」の専門家からの指摘であると繰り返し主張された。

ところが、十一月二十八日の衆議院厚生労働委員会で、社民党の福島みずほ党首の質問で、大変なことが明るみに出された。高齢者リハビリ研究会の議事録をどんなに詳細に読んでみても、そのような指摘は一度もなされていない。こんな大事な発言が議事録に載っていないのだ。その上一八〇日の上限日数など、議論された形跡はない。

政府参考人の水田邦雄保険局長は、「議事録には載っておりませんけれども、一般論として申し上げまして、委員が共通認識として持っていることであれば、それは最終報告書の段階で意見集約、調整の段階でそれが報告書に盛り込まれるということはそれはあり得ることであろうし……」と歯切れの悪い答弁をしている。

意見調整の段階で盛り込まれた一般論を、公式の指摘であったとは言い切れまい。厚労省の恣意的な挿入ないし改ざんであったといわれても仕方がないだろう。しかもそんなあやふやなものを前提として、このような影響の大きな制度改定を行って、患者を苦しめていいのであろうか。

専門家のアドバイスがあったというからそういうものかと信じたのだ。それも怪しくなった。なぜなら、専門家の最も権威ある集団である日本リハビリテーション医学会は、十一月二十一日に、厚生労働大臣宛に、今回の診療報酬改定に反対の意見書を出したからである。

「今回のリハビリテーション診療報酬体系の改定の内容には、早急の見直しが必要であるとの結論に至りました」と前置きして、「算定日数の制限は、問題症例を生み出す恐れがあり、見直しが必要です」とはっきりと述べている。専門家の意見はこうだったのである。決して厚労省の立場を肯定するものではなかったのである。それも「早急の」見直しが必要といっているのである。

その上、リハビリテーション医学会が最近行ったアンケート調査でも、二二六人の専門医のうち、上限日数設定を妥当という回答は七パーセントに過ぎなかった。五六パーセントのメンバーが上限日数は見直すべきと唱えている。これが専門家の公式の見解なのである。

こうして厚労省が、リハビリ打ち切りを続ける根拠は、ことごとく崩れ去った。早急の見直しを躊躇する理由はどこにもない。

リハビリ打ち切りの効果は真綿で首を絞めるように、時間をかけてじわじわと現われる。寝たきりになってからではもう遅いのだ。調査してからなどと悠長なことは許されない。

すでに全国保険医団体連合会が、昨年九月末から十一月二十八日までの二カ月間、二〇都道府県の五六二の医療機関にアンケート調査した結果、脳血管疾患だけでも一万七千余人の患者がリハビリ医療を打ち切られていることがわかった。この数字から、全国の医療機関で切り捨てられた全疾患の患者を推定すると二〇万人を超すと考えられている。その中には、生命の危険に瀕した「問題症例」の患者も必ずいるはずである。犠牲者を出さないために、一日も早い白紙撤回が望まれる。

どこまでも理不尽な厚労省通達

ところが厚労省は、年の瀬の押し迫った旧臘十二月二十五日になって、「医療保険及び介護保険におけるリハビリテーションの見直し及び連携の強化について」という通達を、都道府県の社会保険事務局長その他あてに出した。その内容は簡単に言えば、「リハビリを一律に打ち切るのは不適当である、利用者を医療保険から介護サービスへ円滑に移行させるように計らえ」という命令であった。原因となった制度は少しも見直ししないばかりか、いまだに介護保険に丸投げしようとしているのだ。厚労省は一律打ち切りなどとはもともと言っていないと開き直ったのである。

この通達を見て、私は唖然とした。日数上限を設けて、一律に打ち切れという制度を作ったのは厚労省ではなかったのか。あいまいな規定で、何が除外になるかを明確に示さなかったのも厚労省ではないか。介護保険が受け皿にならないことも、自ら認めているではないか。

そんな制度を作っておいて、患者切り捨てを強行したのは厚労省である。いまさら一律打ち切りは不適当といっても、何が適当で、何が不適当かも明示されていないではないか。

すでに打ち切られて障害が進行してしまった患者への責任はどう取るつもりか。まるで医療従事者のやり方が悪いかのように、責任転嫁して言い逃れようとするのは卑怯である。その間に医療機関では、血の出るような思いで患者を説得し、打ち切ってきたのだ。彼らの怒りを考えないのだろうか。

制度に対する何の反省もなく、円滑に介護保険に移行させるようにといっても、受け皿になる介護保険のリハビリの施設が不備だということは、先刻明らかなことだ。

「医の倫理」が危ない

私は三〇年余り国立大学の医学部で医学生の教育に携わってきた。専門の研究のほかに、学生には医師としてなすべきこと、やってはいけないことを教えてきたつもりだ。体の機能が落ちて苦しむ患者に、医療を拒んではならない、死に瀕しているものがあれば、助けるための最善の努力を惜しんではならない。これは、医学に携わるものの最低必要な倫理である。

いま、生きるためにリハビリ医療が必要でありながら、治療を拒否されて苦しんでいる患者がいる。糖尿病や腎不全であったら殺人行為である。リハビリも、慢性疾患患者として維持的治療を要求するのは当然ではないか。

それを国が否定しようとしている。黙って見過ごすわけにはいかない。見過ごせば「医の倫理」が踏みにじられることになるからだ。

改善が認められない患者の維持的リハビリは認めないという厚労省の立場は、日本医師会も看過することは許されまい。たとえ改善が見られなくとも、それ以上の機能低下を防ぐことは立派な医療行為である。医師法第十九条には、「診療に従事する医師は、診察治療の求があつた場合には、正当な事由がなければ、これを拒んではならない」とある。医師法にさえ抵触する制度を見過ごしたら、医師の権利と義務を放棄したことになる。

柳沢厚生労働大臣に問いたい。リハビリの打ち切りの制度を作って患者を苦しめているのは、あなたの配下で行政を担当している霞ヶ関のエリート官僚である。これで医療の倫理は守れるだろうか。実態を知って善処しなければ、到底「美しい国」の厚生行政はできまい。

ここまでやるのか厚労省

——リハビリ患者を欺く制度改悪の狙いは何か——

二〇〇六年度の診療報酬の改定によって、医療を剝奪された大量のリハビリ難民が生じた事は、すでにご承知のとおりである。それまで医療的必要に応じて受けられたリハビリが、突然最長でも一八〇日で打ち切られたからである。重い後遺症や障害を負って、リハビリを唯一の希望にしてきた患者には、文字通りの死刑宣告だった。

私は六年前〔二〇〇一年〕、脳梗塞で右半身の自由を完全に失った。言葉も食事も満足には出来ない。しかしリハビリを続けてきたおかげで、何とか自立した生活を送っている。一時は杖にすがって、一五〇メートルまで歩けるようになった。しかし癌の手術で三週間リハビリを休んだら、瞬く間に立ち上がることも出来なくなり、リハビリを再開して二〇メートル歩くには、一年余りかかった。以後一進一退だが、どんなに天候が悪かろうと、リハビリだけは休むことなく続けていた。

そんな命綱のようなリハビリが受けられなくなる。私にとっては死活問題だ。私は『朝日新聞』の「私の視点」に、「リハビリ中止は死の宣告」(二〇〇六年四月八日付。本書所収)という投書をして、この非人間的な暴挙を告発した。

見せかけの緩和策

これに呼応して、全国の憤った患者や障害者、医師たちは、各地で署名運動を繰り広げた。運動は国民的共感を呼び、わずか二カ月あまりで四八万人に達する署名を集めた。しかしその間にも、多くの患者が医療から追われていった。難民の数は、全国保険医団体連合会(保団連)の推計によれば、二〇万人にも達した。

犠牲者の中には、公害自主講座で有名な宇井純氏や、社会学者の鶴見和子氏も含まれていた。宇井氏は退院後のリハビリを制限されて、次第に弱って命を落としたと聞いた。鶴見さんはリハビリ制限後、急速に機能を失い、前からあった癌が悪化して、二カ月で死の転帰をとった。なんとも痛ましい事件だった。

厚生労働省は、あくまで四八万人の署名を握りつぶそうとした。しかし、見るに見かねた厚労省の諮問機関である中央社会保険医療協議会(中医協)は、本年〔二〇〇七年〕三月、異例の見直しを指示した。

これによって、リハビリ医療の日数制限が、本年四月から大幅に緩和されるというニュースが各新聞で報じられた。はじめこのニュースを聞いた患者や障害者は、一年にわたって繰り広げたリハビリ打ち切り反対運動がようやく実を結んだと、喜びの声を上げた。

メディアも、「リハビリ難民、ついに政治を動かす」とか、「行政が当然の制限緩和」などと、あたかもリハビリ問題がこれで解決されたような錯覚を与えた。

しかし現実は大違いであった。緩和されるどころか、今まで続けられたリハビリが、より早期に打ち切られる例が続出し、患者には泣くに泣けない状況が生じたのだ。この再改定には、厚労省官僚の複雑で巧妙な落とし穴が仕組まれていた。またしてもだまされて苦しむのは、リハビリ難民の患者だったのである。

一見緩和と見せかけて、実際には思惑通り、リハビリ医療を続けさせないような複雑な仕組みが組み込まれていたのである。一歩前進とメディアに報道させておいて、医療機関には治療を続けさせない偽装工作が仕組まれたのだ。

その悪辣なやり方の詳細は後で述べるが、緩和措置のはずの再改定が、なぜリハビリ医療の大幅な後退をもたらし、患者をさらに苦しめることになったのか。そこには、一度自分たちで決めた制度は、決して変えないという、官僚の無謬神話があった。いかにも世論に耳を傾けて手直しをしたと煙幕を張って、決して既存の制度の本質は変えないという策動があった。

私はリハビリ治療後退に至った経過を振り返って、医療崩壊のおおもとにある、厚労省官僚の行動様式を告発しようと思う。

中医協会長の英断

厚労省は、あくまで四八万人の国民の声を無視し続けた。むしろ責任は医療機関にあるとして、権力をかさに着た通達を出して、自分の責任を逃れようとした。

こんな状態を見るに見かねた中医協の土田武史会長が、検証部会の報告をもとに、本年三月に制度の見直しを指示した。これが今回の、異例のリハビリ報酬再改定につながった。厚労省のお役人ではなく、中立である中医協のほうが動いたのだ。

理由は、四八万人もの署名が厚労相宛に提出されていることにあった。改定後の医療現場は混乱を続けている、それを座視しているわけにはいかない、という土田会長のヒューマンな配慮からだった。

難民と化した患者が出ているのは、中医協検証部会の調査でも明らかであった。厚労省が受け皿になると喧伝した、介護保険が不備である現状は、前もって中医協には知らされていなかったという。縦割りの行政がこの不手際を招いたのだった。

それに、昨年の打ち切り改定では、実施の直前まで、制度変更の周知がなされなかったため、医療現場ではトラブルが続出した。こういう事実を改めて知って、土田会長は、緊急に対策を講じなければならないと判断したと仄聞した。さらに中医協は、最後に「平成二十年度診療報酬改定に向けて、維持期のリハビリテーションの在り方について、調査、検討を行うこと」とする付帯意見をつけた答申を行った。

制度の不備を率直に認めた土田会長の英断によって、緊急な見直しが実現したのである。厚労省や、支払基金側の形式論的反対意見を押し切っての再改定であった。人間不信に陥ることが多かったこの事件で、唯一のさわやかな話題だった。

その後厚労省は、限られた疾患の上限日数の緩和や、当分の間、介護保険では対応できない例では、維持期のリハビリを認めるという通達を出した。それが冒頭で述べた緩和策のニュースだった。

もちろんそれは、患者にとって歓迎されるべき朗報だった。私たちの血のにじむような運動が実を結んだとぬか喜びをした。はじめに法外な制度を作って、後で改善することによって批判をはぐらかすという、厚労省お得意のやりかただと思った。障害者自立支援法のときもそうだったではないか。

しかし喜びは長続きしなかった。これから述べるように、再改定には、目に見えない「毒針」が仕込まれていることが、次第に明らかになったからだ。

厚労官僚の逆襲

狡猾な厚労省の役人は、緩和されたと思わせておいて、土田会長の善意の再改定案を、ほとんど無効にする条件を付け加えることを忘れなかった。

その第一は、再改定して日数制限を緩和した場合、医療費の総額が増えないように、診療報酬の「逓減制」という「毒針」を仕掛けた。診療日数が多くなった場合、保険で医療機関に支払われる医療費が減額される仕組みだ。医療機関は、リハビリを実施するだけ収入が減るから、制限を超えたリハビリは受け付けないことになる。「財政中立」の原則が、全体から見れば、僅かばかりのこんな狭いリハビリの領域に持ち込まれたのだ。どう動かしても無理が出るはずだ。

具体的には、脳血管疾患の場合、上限日数を過ぎて治療を続けるなら、その四〇日前から、診療報酬を下げる。今までは一八〇日までは、安心してリハビリを続けられたが、再改定後は一四一日から、医療機関の診療報酬が減額されるので、より早くリハビリを断わる事例が出て来るのだ。

医療機関は、リハビリを続けるほど、収入が減る。上限日数より前に音をあげて、診療の打ち切りをするように、厚労省が仕組んだのだ。まさに厚労省の思う壺である。

こうしておけば、日数制限を表に出さなくとも、自然に治療を中止させることが出来るというのが厚労省の狙いだった。経営上大きな欠損になるというのなら、誰が日数上限を超えてリハビリを提供するだろうか。これに耐えられるなら治療を続けてよろしいと、厚労省は胸を張る。ここまでは土田会長も詮索はしまいと役人は踏んだのだ。

そのほかにも月に三回までの治療は、一回分と同額に抑える（こういうのを「丸め」と業界では呼んでいる）など、医療を施したくても、やればやるほど減収になるような仕組みを、緩和策には導入している。これではまるで、やれるものならやってみろ、といわんばかりではないか。

試算結果によれば、逓減制によって大幅に保険点数が減少（治療単価が減収）し、病院経営を危うくする状況が予測された。結果的に患者のリハビリは、早期に中止されることが予想された。リハビリの成果が期待できるにもかかわらず、治療は中断される。結果としてリハビリ医療の縮小、レベルの低下が起こり、新たな「リハビリ難民」が発生する事態につながると危惧されている。

オセロゲームのような解釈の変転

緩和策が発表されて、喜んでいたのもつかの間、毎日のように異なった解釈があることが知らされた。それは改定の文言が複雑怪奇で、専門家である医師にも、どっちとも取れる難解な文章で書かれていたからだった。

医師たちは毎日、この病気はリハビリが続けられる、いやそうではないと、頭を抱える始末だった。重度の障害を持つ私のような例は、真っ先に日数上限が解除され、維持期のリハビリが出来ると思ったがそうではなかった。かえって医師は、以前の除外規定の神経障害というくくりがなくなったから、私はリハビリを継続できないのではないかという考えを示した。まるでオセロゲームのようだ。

ほかにも、それまで認められてきた医療保険と介護保険の併用は、今度の再改定で一切認められなくなった、と伝えられたが、数日後の通達では、治療終了前の一カ月間に限って、併用を認めるという案が伝えられた。たった一カ月ではどうしてよいかと、医師は嘆いた。制度設計が出来ていない証拠だった。

患者である私は、毎日打ち切りの対象になっているのではと一喜一憂した。結果は、健康保険の支払い側の判定が出る翌月まで、どうなるかわからない始末だった。

昨年と同様、再び現場が混乱したことは言うまでもない。今回も、三月三十日に公表され、四月一日から実施という拙速さだった。

日がたつにつれ、上限日数が緩和されたのは、心筋梗塞や慢性閉塞性肺疾患などのごく限られた疾患のみであることがわかった。日数制限の対象となる病気でも、改善の見込みがあるにも拘らず、介護保険が使えず、医師が特に必要と認めた場合のみという難しい制限がついている。ただ回復が見込めない進行性の神経・筋肉疾患は医療リハビリを継続することが出来る。この前まで認められた除外疾患は、細部にわたって制限がついた。こうして緩和と見えたのは、ごく限られた少数の患者に対してだけであることが判明した。緩和とは名ばかり、制限の強化だったのである。

しかしそれだけでも、一歩前進だといわれるかもしれないが、私たちが求めてきたのは、犠牲者が一〇〇人から九〇人になればよいといった類のものではない。国民として、医療を受ける当然の権利を主張してきたのだ。

リハビリを最も必要としている大多数の脳血管疾患などは、緩和の対象に含まれてはいない。患者はいくら障害が重くても、医療ではなく介護保険のデイケアに行けという残酷な結論だった。

調査の不備

そうなった原因は、見直しの基礎となった三菱総研によるアンケート調査にもあった。調査が、切り捨ての結果難民が多発した二〇〇六年九月には行われず、混乱が収まった十二月に行われたので、難民の本当の状態が反映されなかった。たまたま十二月に治療を終了したケースしか統計に現れなかった。またアンケートの設問には、打ち切りによって状態が悪化したかどうかを聞くものはなかった。

アンケートは、厚労省の指導の下に作られたので、歪められた結果しか期待できなかった。ほかの機関の調査と、難民の数があまりにもかけ離れていたのはこのせいである。二〇万人も打ち切られたのに、今回の調査では回収率八・五％で、集計されたのはたった八五〇人であった。氷山の一角しか摑めない統計処理の結果、本当の被害状況が見えなくなってしまったのである。

重度の後遺症を持つ患者にとっては、命綱である維持期のリハビリを制限されることは死活問題である。今回の再改定で、維持期リハビリが認められたのは、要支援状態にある四十歳未満の者に限られた。わざわざ丁寧に四十歳以上の脳血管障害は、医療リハビリは認めないとまで宣告した。多数を占める高齢の患者が絶望したのは言うまでもない。

介護保険のリハビリを受けろといっても、高額なリハビリ施設や療法士などの人員が、早急に作られるはずはない。患者は、再び生命の危険に晒されたのだ。

さらに維持期のリハビリが出来るものでも、あくまで非現実な「明らかな改善の見込み」があるものだけに限定された。そんなことをいうなら、改善が期待できない慢性腎炎で透析を受けているものや、糖尿病の末期などはどうなるのか。治療を中止するのか。いや、改善できない時期というのは、いずれ誰にでもやって来る。そのとき医療が受けられなくなってもいいのだろうか。こんな規定を許せば、腎透析もインシュリン投与も、どこかの時点で中止されることになり、これは殺人行為である。医師は患者の医療上の必要性がある限り、医療を打ち切ることは許されないはずだ。それが「医の倫理」ではないか。

隠された意図

厚労省が固執する「改善」とは何か。いくらよくなったといっても、長期のリハビリを受けている患者の回復は、薄紙をはぐようなゆっくりしたものだし、ちょっと風邪で休んだだけでも後退する。患者はそういう一進一退を繰り返しながら、障害と戦っているのだ。だからこそリハビリ医療が必要なのだ。

一八〇日を超えても、主治医が引き続きリハビリを必要だと考えている患者は、脳血管疾患だけでも五八％にもなる。生きていくために必要な医療リハビリを、なぜ終了しなければならないのかを説明する責任は、厚労省にある。

実態を見ていない厚労省は、さらに次のような難題を医師に突きつけた。診療報酬を請求するには、医師は三カ月おきに、これまでのリハビリテーションの実施状況（期間及び内容）、前月の状態との比較をした当月の患者の状態、将来的な状態の到達目標を示した今後のリハビリテーション計画、機能的自立度評価法、基本的日常生活活動度、関節の可動域、歩行速度及び運動耐用能などの指標を用いた具体的な改善の状態等を示した継続の理由や、どこがどの程度前月より改善したかを、詳細に書面で報告しなければならない。読者の皆さんは読むだけでも頭が痛くなるだろう。

そうでなくても、医師は書類書きに追い回されている。それを三カ月おきに、一人ひとりの患者について詳細に書けと言うのだ。

第一、患者も診ないで、それを誰が読んで、どのように判定するのだろうか。単なる事務処理の煩雑化を意図した嫌がらせに過ぎない。こんなことに頭を使わなければ診療ができないなら、経営を危うくするリハビリ医療など誰がやるだろう。このようにして、医師にやる気を失わせるのも、意図のひとつらしい。

むしろ改善がはっきりしない患者のほうこそ、生命を守る最低限の機能維持のためのリハビリを必要としているのだ。そういう患者には、医師は経過を注意深く観察しながら、医療としてのリハビリを処方してきたのである。厚労省はそれをできなくした。それは未必の故意による殺人ではないか。

ここまでは土田会長の目が届かないからと、官僚はこういう陰険な策をめぐらしたに相違ない。目立たぬように、患者には医療保険による診療を制限し介護保険に追いやろうとしている。霞ヶ関の官僚は、ここまでやるのである。

介護保険強制の理由

長期にわたるリハビリを、なんとしても介護保険に強制的に誘導する厚労省の意図はどこにあるのだろうか。医療費の問題なら、今行われている、比較的安価な医療保険のリハビリを捨てさせて、逆に高額な設備や、新たな人的予算のかかる、未熟な介護保険のリハビリに移行させることには必然性はない。

二度の診療報酬改定で、節約できた医療費は全体の中では微々たるものであろう。それなのに、さらに介護保険への移行を強行しようとするのは、故鶴見和子さんの言うように、「老人は死ね」と死刑宣告するようなものであるといわれても仕方がない。ことに再改定では、患者の自己負担分はかえって軽くなる。医療機関にしわ寄せした減収が、患者の診療制限のもととなっているだけだ。

考えられるのは、介護のリハビリを新規事業として立ち上げれば、ふんだんに金を使うことが出来る。もちろん財源は税金である。そこに新しい利権と省益の拡大が見込まれる。

思い出すのは、業界と結びついて厚労省が行った「介護予防事業」である。介護予防は、民間の団体が補助金を湯水のように使って、高額な機器をそろえ、要介護度の低い老人を無理やり一堂に集めて、「パワーリハ」と称する健康体操まがいの指導をした。

リハビリの専門知識もなしに始めたこの事業は、瞬く間に馬脚を現し、見事に失敗した。施設は今閑古鳥が鳴いて、高額な装置は埃をかぶっている。リハビリ医学の常識を無視した施策は、税金を使って業者を潤わせただけの事業となった。

理念も科学的根拠もなしに、日数だけで患者を振り分けて、とりあえず介護保険に誘導する。

それに必要な高額な予算は、新規事業として認める。介護予防の二の舞になりかねない。設備も人員も、新設には金がかかる。そこに群がる介護業者には事欠かない。新たな利権が生まれる。

しかし失敗すれば、こちらはもっと罪深い。命に関わる人が出るからだ。維持期のリハビリを漫然と行えば、急速に機能が落ちて命を落とす人が出ることは知っているはずだ。患者は障害の軽い人ばかりではない。命の危険を抱えた、深刻な病状のものもいるのだ。

一方、治りやすい回復期のリハビリを優遇して、維持期の患者を死の淵に追いやった結果、潤ったのは回復期を専門とする私立の病院だった。大企業をスポンサーとするその院長らが、維持期のリハビリ切り捨てを擁護しているのが実情だ。自分の利権につながることには口を慎むべきだ。これを古人は、「李下に冠を正さず」といった。

この改定によって潤うもののひとつに、療法士の養成のための私立の学校がある。介護の肥大化によって急増する需要に対して、粗製乱造の教育がなされて、技術者のレベルが低下するのを危惧する声もある。ここでも新しい利権が生じたのだ。

先年発覚した岡光序治元厚生事務次官と「彩福祉グループ」の癒着も、同じ文脈の中にあった。制度が新しくなると、あたらしい利権が生じる。介護保険への強引な誘導に、そんなことがなければいいがと危惧している。

次に来るのは介護保険の破綻

こうして介護保険を肥大化させながら、一方では、急増する介護保険の費用を抑えるため、厚労省は地方自治体に、費用削減の行動計画を今年度中に作るよう指示するという。具体的な削減策の実行に数値目標を設け、計画に明記させる方針だと、『日本経済新聞』は報じている。介護保険は崩壊寸前なのだ。

そのような状態の介護保険に、リハビリ難民を強制的に送り込む。そうしておきながら、介護保険にはそんな金はないと、二枚舌を使っているのだ。医療保険と違って、地方自治体の管轄の介護保険に丸投げして、国は医療費も責任も逃れようとしているに相違ない。

介護保険の現実を如実に示す例がある。私の住む文京区の例である。介護度5の寝たきりの妻を、九十五歳の病気を持った夫が懸命に介護しているが、妻の介護保険の給付からは、夫の家事を支援するための費用は出ない。妻の直接の介護ではないと査定されるからだ。

ところが、最近雨後の筍の如く新設された有料老人ホームに入れば、業者には給付が査定もなしに満額支給される。喜ぶのは業者であり、在宅の介護はますます困難となる。

解決は白紙撤回しかない

リハビリを本当に必要としている患者は、身体介護などで介護保険のポイントを使い果たしている。必然的にリハビリは諦めなければならないのが実情である。結果は合法的な治療切り捨てになって、生命の危険を招く。そんなところに厚労省が持っていこうとしているならば、これは立派な国家犯罪である。

このように、医療現場では矛盾が噴出している。続出するリハビリ難民は、機能低下の恐怖におびえている。いつまでこんな苦しみに耐えさせようというのか。

解決するには、まず問題が露呈したリハビリ打ち切りを白紙撤回して、はじめから制度の設計をし直すほかはない。リハビリの最近の進歩に基づいた科学的理念を取り入れ、障害者や患者の言うことに耳を貸して、実態に即した施策を練る。今までのように権力におもねった学者の一方的な見解に頼らずに、リハビリ医療の本当の理念に沿った医療体系を作らなければ患者は救われない。

リハビリ打ち切りは、隠れた、しかし典型的な医療破壊の現場である。そこには、必要な医療を剝奪された、患者と障害者の生存権という、最も基本的な人権がかかっている。

厚労省は、患者の苦しみの実態を直視し、打ち切り制度を白紙に戻して再考して欲しい。介護保険に丸投げして済むものではない。もうレッスンは十分に行われたはずだ。

介護に現れる人の本性

私は最近まで特別養護老人ホーム（特養）に預けられていた。私の介護を一手に引き受けていた妻が、無理がたたって股関節の置換手術を受けたためである。老老介護の行き着く先である。術後のリハビリも含めて、約二カ月入院しなければならない。

一人では寝起きもままならない私は途方にくれた。しかし、捨てる神あれば拾う神ありで、たまたま私の実妹が、茨城県つくば市で特養を経営していたので、文字通りの緊急避難となった。おかげで誰もが一度通らねばならぬ、人生の終末期を過ごす「終《つい》の宿り」を、一足先に経験することになった。この機会に想像を絶する超高齢化社会の現実を目撃した。

私のいた棟には、重度の認知症の老人が多かった。一日中「いたい、いたい」とわめいている老人、鈴をつけて徘徊を続ける老婦人、口紅を塗って童女のように華やいでいる老女、「あいやあ」と終日泣き続ける百歳のおばあさん、何かがなくなった、誰が盗んだと言い張る老婆など、凝縮した老いが私を直撃した。

生きて出所する人は稀で、みんなここで死を待つ老人であった。実際、私がいる間だけでも、三人の方が世を去った。一人は近くの病院に送られたが、他のお二人は、本人も家族も、救急車で送られることを拒否し、病院よりも手厚く職員に看取られて身まかった。

そんな老人を支えているのは、介護職員たちのたとえようのない優しさであった。全員がそうだとは言わないが、彼らには滅び行くものへの共感があった。人の嫌がることも率先してやることは勿論、何度繰り返されても嫌がらず、やさしく受け答えする。夜中ひっきりなしに鳴るブザーに嫌な顔ひとつしない。職業とはいえ、なかなかできないことだ。

どうしてそんなことができるのか。私の考えでは、認知症といえども、老人には今まで生きてきた歴史がある。それが積み重なって今の存在がある。老人の記憶は今失われていても、彼自身が長い過去の時間の記憶なのである。介護する人は、一人ひとりの老人の一生、全存在と向き合わなければならないのだ。

その証拠に、ここでは病院と違って、入所者がどんな職業だったか、家族関係や人柄はどうだったかなど過去のことを、職員は知った上で対処している。例えば大声でわめいている老人が、もと自衛隊の幹部だったら、なだめるのに軍歌を歌ってあげる。大学の教授だった認知症の始まった老人も先生と呼ぶ。女性には、お松さん、チエコさんなどと下の名前で話しかける。一律に誰々様と呼ぶ病院とは違う。どれだけ血が通っていることか。

わめきたてたり、徘徊したりする老人をうまくなだめ、身体拘束などしないためには、老人の隠された過去の人格を認めるほかない。これは病院でも見習わねばならないことではないか。いたずらに無機的、非個性的に患者を扱い、患者の人格には向き合おうとしない大学病院は、老人ホームに学ぶべきだ。

国はこうした介護職員に手厚く報いなければならないのに、福祉の予算を切り詰め、賃金を安く抑え、介護の仕事に夢を持って働く若者の相次ぐ離職を放置している。それが続けば介護保険が崩壊するのは目に見えている。

この施設では、ほとんど健常の老人を集めて、デイケアもやっていた。自動車で送り迎えし、昼食を食べさせ、昼間からカラオケなどをやって時間をつぶさせる。無駄とはいわないが、これでは介護保険で、認知症を促進するようなものではないか。畑仕事のような生産的活動に参加させ、隠された能力や興味を引き出すことはできないのだろうか。

介護には、介護する人、される人それぞれの本性が現れる。そして、人間の本性とはなんと奥深いものであろうか。

Ⅲ　死を想う

死の生物学

死の誕生

驚くべきことに、生物学には「死」という概念はなかった。

ある高名な生物学者に、死とは何かについてたずねたら、「生きていないこと」という答えが返ってきた。生物学は、生きていること、すなわち生命現象を相手に研究しているので、生命現象のなくなる死は研究対象にはならないらしい。生物学の教科書にも死の章はなかった。死は、まさに生物学の死角に入っていたのである。

脳死の問題がほとんどの国民を巻き込んで議論されていた時も、生物学者からの発言は皆無だった。生命そのものを研究対象とし、生命については専門家として責任を持った発言をするべき生物学者が、脳の機能が失われた状態で継続している身体の生命については、一言も弁護しなかった。私がこのことを指摘した(『科学』六十一巻八号、巻頭言)後でも、発言はなかった。それは、生物学が生の学問であり、その対極にある死は全く見ていなかったからであろう。

人間の生死を扱う医学でも、死の医学というのはなかった。死は、医師にとっては常に敗北であり、あってはならない事故《アクシデント》であった。患者の死を迎える医学という一章は、内科の書物にも外科の書物にもなかった。医学では人間は不死であるべきだったのだ。

さすがに人間の病気のことを扱う病理学では、病気の帰結や原因としての、細胞や組織の死についての記載はある。そうはいっても、病理学における細胞の死は、何らかの外力によって細胞が破壊されてしまう、受動的な死だけであった。

たとえば細胞や組織は高熱に曝《さら》されると生命活動を営むタンパク質が熱のために変性してしまう。そのために細胞は破壊され、組織は損傷を受ける。火傷では、多数の細胞が死ぬ。同様に低温に曝されても、強力な紫外線や大量の放射線でも細胞質内のタンパク質の変性が起こり、膜が破壊されて、細胞自身も死ぬ。そうした外力によって殺される細胞の死だけが、教科書でとりあげられていたのである。

細胞が生きてゆくためには、酸素が必要である。酸素が断たれると細胞は代謝を営むことができなくなって死ぬ。心筋梗塞や脳梗塞は酸素を運ぶ血流の途絶によって細胞が窒息死したものである。

このような何らかの外力が働いたり、生存に必須の物質が欠乏したりすることによって、細胞が破壊されて死ぬことを、病理学の用語では「壊死《えし》（ネクローシス）」と呼ぶ。壊死は常に受動的な死である。殺されるのである。

ある病変が起こることによって結果的にもたらされるところの壊死、さらには壊死が進むことによって新たな病巣が生ずること、これが病理学における「死」の位置づけであった。

ところが、人間の体の中では、毎日三千億個以上の細胞が死に、同じ数の細胞が新生されて平衡を保っている。もしこの数の細胞が死なずに、新生だけが起こればアッという間に体はパンクしてしまうではないか。三千億個以上の細胞が毎日外力によって殺されているのだろうか。

死んでいく細胞の大部分は赤血球であるが、白血球やリンパ球など個体の「自己」の体制を維持するための細胞群も、日々大量に死に、補給される。それにも拘わらず、人間は昨日の「自己」も今日の「自己」も、さらに二十年後の「自己」もそれほど変わることなくアイデンティティを保っている。

腸管の粘膜の上皮細胞などは、莫大な数が毎日死んで数日で全部入れ替わってしまう。骨の細胞も皮膚の細胞も毎日死んでは補充される。それでも顔の形は変わらない。

死と再生によって維持されている生命の「自己」というものがある。その時、毎日おびただしい数で死んでゆく細胞は、病理学で教えるような壊死を起こしているのであろうか。細胞を殺すような外力が働いているのであろうか。

そんなことはない。こうした細胞は、多くは寿命を終わって自然死してゆくのである。その自然の死がどこでどうして起こるかを目撃した人は少ない。それは、きわめて短い時間のうちに、周囲の細胞によって飲み込まれたりして消失してしまうため、観察者の目にふれる機会が少ないためである。なぜ時間がくれば死んでゆくのかの究明もまだあまり進んでいない。

考えてみればまことにふしぎ千万なことではないか。誕生の現場をあれほど微細に眺めていた生物学者が、死の現場を目撃したことがないとは。

しかし、数少ない生物学者が、細胞の死には、受動的な壊死《ネクローシス》とは違った死に方があることに気づいていた。顕微鏡で組織の標本を毎日眺め続けていた病理学者の中には、癌細胞や老化した細胞、さらに壊死に至らない程度の軽い障害をうけた細胞には、細胞膜が破壊されるより前に、細胞の核の構造が不明瞭になって暗く均一になってゆくものが現れて、やがて細胞そのものが消滅したり、他の細胞に貪食されてしまったりするものがあることに気づいていた。

たとえば東京慈恵会医科大学教授であった病理学者高木文一氏は、こうした細胞の形を電子顕微鏡で詳細に観察して、それが通常の壊死細胞とは明らかに違う特徴を備えていることを見出し、「立ち枯れ壊死」という言葉を作った。同じような現象は、日本の病理学者、放射線科学者ら数人によってほぼ同じころに別々に記載されていたが、学界ではほとんど無視されていた。

本当に注目をあびたのは、一九七二年に三人の病理学者が、この現象にアポトーシスという名を与え、概念化したときからであった。術語というものが、いかに科学の発展や思想の形成に重要であるかを示す好例である。

アポトーシス（apoptosis）は、アポ（apo、下に、後に）とプトーシス（ptosis、垂れる、落ちる）というギリシャ語を合成した語で、もともとは医学の祖といわれるヒポクラテスが用いたとされている（出典不詳）。病気というものを気象（カタスタシス）との関係でとらえたヒポクラテスは、秋の西風と病気の発生に強い因果関係を認めている。アポトーシスも、もともとは秋とともに始まる「落葉」という現象をさしたものと言われている。落葉は、風のような外力によって引き起こされるわけではなくて、季節のめぐりとともに植物の葉の付け根の細胞に起こる生理的な細胞死の結果生ずるものである。この細胞死は落葉植物に遺伝的にプログラムされている。死をプログラムしている遺伝子があるはずなのである。細胞は、一定の時間と条件のもとで、この死のプログラムを発動させる。そして秋になると何千何万という葉が枝を離れ地面に帰ってゆくのだ。

植物だけではない。先にあげた免疫造血系の細胞も日々死んでは再生される。一日で百億個にも達する免疫細胞の死が、どこでどのように行われているかはあまりよく知られていない。脾臓や肝臓に張り巡らされた細網内皮系の細胞が、寿命の来た細胞を発見して捕捉して消化してしまうと言われている。しかし寿命が来たということを、どこでどのように感知しているかというとその詳細は不明である。

そうした自然死のほかに、細胞には自ら死のプログラムを発動させて積極的に自殺してゆくものがあることが注目されるようになってきた。

たとえば、生物の発生、すなわち個体という生命が作り出される過程で、アポトーシスが重要な役割を演じていることがわかってきた。オタマジャクシがカエルになる時には、尾が失われる。それは尾の細胞が遺伝的なプログラムに応じて死んでゆくからである。ほかにもうじ虫が蠅に変態するときには不必要になった蠕動運動に関わっていた筋肉が消失するし、ニワトリが発生してゆくときにも指のあいだの間充織の細胞がさかんに死んでゆき、結果として水掻き状のものが残る。人間の手の発生でも、はじめは丸いミットのような形をした組織の中に指骨が形成されてゆくのだが、やがて指骨の間の細胞が死んでゆき五本の指が作り出されるのである。まるで彫刻家が大理石からキリストの手を彫り出すように。

発生の過程というのは、遺伝的なプログラムによって決定されており、そのプログラムを引き出す誘導因子が存在する。すると、発生のプログラムの中には、特定の細胞を死なせるというスケジュールがすでに書き込まれていたわけである。もしこの死のスケジュールが発効しなければ、人間の指はくっついたままになるか、水掻きでつながってしまう。あとで述べるように、生物の発生そのものの過程に、すでに死のプログラムが組み込まれているので、そのプログラムが遂行されないと、発生そのものが狂ってしまい、正常な個体が生まれることさえできないのだ。

アポトーシスは、人間の性の決定にも関係している。男性生殖器の輸精管の大もとになるウォルフ管は、男性ホルモンの影響で発達するのだが、その時、女性生殖器の輸卵管の大もとであるミューラー管がアポトーシスによって退縮してゆくという過程が絶対に必要である。ミューラー管の細胞が死ぬという過程が起こらなければ男性生殖器が完成しない。それに対して、ミューラー管の方は、ウォルフ管が死ななくても自然に発生して輸卵管を作るので、ミューラー管にアポトーシスが起こらなければ、人間はみんな女あるいは両性具有者になってしまう。ちなみに精巣から分泌される男性ホルモンであるアンドロゲンが働かないと男性器となるウォルフ管が退縮してしまって、自然に女性化してしまう。

アポトーシスという現象が発見され、その概念が確立されることによって、死の生物学がスタートしたのである。生物学におけるあまりに遅い死の誕生である。

しかし、いったんアポトーシスという概念が誕生してみると、細胞の死というのが、細胞で構成されている個体の生命の維持のためにいかに大切な現象であったかが次々に明らかになってきた。まさしく個体の生命というのは細胞の死の上に成立していたのである。

アポトーシスはみるみるうちに現代の生物学の中心的研究対象になった。この章では、アポトーシスという現象を眺めながら、個体の生命を支える「死の生物学」について述べたい。

エレガンス線虫ができるまで

エレガンス線虫（*Caenorhabditis elegans*）という虫がいる。人体に寄生する蛔虫と同じ仲間に属しているが、この虫は動物に寄生することなく土壌の中で自由に生活している。長さは一ミリメートルくらいで細いむちの様な体をくねらせながら、土壌の中の細菌などの微生物を食べて生きている。その姿が優雅なところからエレガンス線虫と呼ばれる。

この虫は、生物学の世界ではちょっとした人気者である。エレガンス線虫を使った研究論文は膨大な数に及ぶし、国際エレガンス線虫会議という国際会議も開かれている。

その理由は、この虫が卵から成虫になるまでの時間がたったの十六時間で、それも簡単なシャーレの中で培養することで完了させることができることにもよる。この虫は、正確に九百五十九個の細胞からなるが、いうまでもなくそれは一個の受精卵が分裂して九百五十九個にまでなるわけである。エレガンス線虫の体はほぼ透明なので、その分裂の様子は、特殊な顕微鏡を使えば生きたまま逐一観察することができる。そのため、二つに分裂したときのどちらの細胞からどういう経路をたどって、成虫のどの細胞ができるのかが完全に解明されているので、成虫の細胞の分化の完全な系譜まで作ることができた（図1）。この図はもとの論文では雑誌の十二ページにわたる膨大なものだったが、細胞の名前などは省略してある。この虫は雌雄同体で、どの虫も卵と精子の両方を持っており、交尾による他家受精と、自分の精子による自家受精の両方を行うことができる。シドニー・ブレンナーという有名な英国の分子生物学者が、エレガンス線虫にぞっこん惚れこんで、大がかりな国家的な研究計画を推進したのもむべなるかなという感がする。

ところで、この線虫が、一個の受精卵から九百五十九個の細胞よりなる成虫に成育してゆく途中で正確に百三十一個の細胞がアポトーシスによって死ななければならない。その多くは受精後四百五十分以内に起こる。死んだ細胞は周りの細胞にすばやく飲み込まれて消化されている。ア

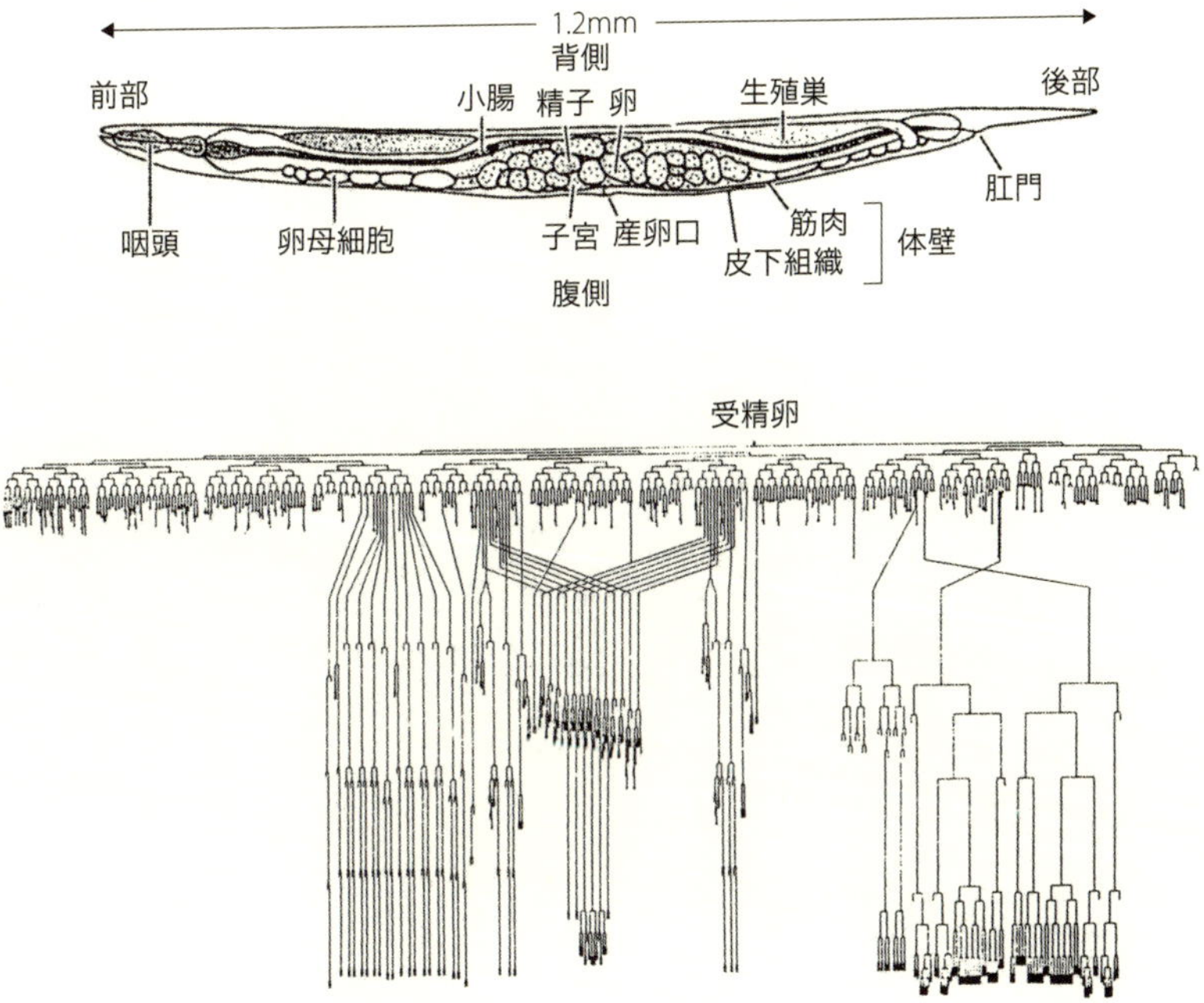

図1　線虫（上）と、その全細胞の系譜（下）

959個の細胞からなる線虫は、1個の受精卵が分裂することによって作り出される。線虫では、成虫のどの細胞が、どのようにして作り出されてきたのか、さらにどの細胞が発生の途中で死ぬかという細胞の系譜や運命が完全にわかっている。垂直の線はそれぞれ1個の細胞を示す。（S・F・ギルバード『発生生物学——分子から形態進化まで（中巻）』塩川光一郎他訳、トッパン、1991年、303頁より）

ポトーシスを起こす百三十一個の細胞のうち百七個は、神経細胞の方向に分化する系譜に属している。神経系の細胞は最終的には三百五十九個である。すなわち完全な神経系が作り出されるためには、約三分の一にもおよぶその系統に属する細胞が死ななければならないのである。あとで述べるように、高等動物の脳神経系の発生でもきわめて多数、時には半数以上にもおよぶ細胞が死んでゆく。発生過程での細胞死が、脳神経系とか免疫系とかの高度に進化したシステムの成立のために必要であることは注目に値する。

さて、エレガンス線虫の発生において、死ぬ運命にある細胞は前もって決まっている。この細胞の死は遺伝的にプログラムされているのだ。しかも、この死をプログラムしている遺伝子が十四も発見されており、その構造もわかっている。

細胞死が起こるためには三つの異なった段階があり、それぞれの段階で働く遺伝子が存在するのである。

第一は死を決定する遺伝子（*Ces-1*、*Ces-2* など）で、これらが働き出すと、細胞死を実行するためのプロセスが開始される。実際に細胞死を実行する遺伝子（*Ced-3*、*Ced-4* など）も複数個存在するが、それらの遺伝子のスイッチをオンにしたりオフにしたりする働きを持つ、より高次の死の調節遺伝子（*Ced-9*）もあることがわかっている。この *Ced-9* が働き始めると、死の実行遺伝子 *Ced-3*、*Ced-4* などはオフにされて細胞は死ななくなるのである。*Ced-9* がオフになったとき初めて死の実行遺伝子が働き始め、細胞は死に至る。

すなわち線虫における細胞の死は、二重三重に統御された遺伝子の経時的なオン・オフによって決定されているのである。しかも最も重要な調節遺伝子 *Ced-9* は、基本的には細胞死を起こさせないように、負に統御する遺伝子であった。これが働かなくなると細胞は死を決行してしまう。いずれの死の遺伝子においても、突然変異や過剰の発現が起こると、正常なら生き残るべき多くの細胞が死んでしまったり、死ぬべき細胞が生き残って線虫は正常な発生をすることができなくなって、形の上での異常を来す。

死の遺伝子は線虫だけのものではなく、同じような遺伝子が人間でもみつかっている。細胞死の鍵を握る *Ced-9* 遺伝子に非常に構造が似ている遺伝子が人間にも存在する。これは *bcl-2* と呼ばれる癌遺伝子で、片方の染色体でそれに異変が起こると細胞が癌化することがわかっている。癌細胞はアポトーシスを起こしやすい細胞であるが、アポトーシスを抑えるこの *bcl-2* 遺伝子の過剰発現が、無制限の増殖能力を持つ癌の発生と関係があったことは注目に値する。

bcl-2 はもともと、人間のB細胞リンパ腫という悪性腫瘍で見つかった遺伝子で、この癌になった細胞では *bcl-2* の発現が高くなっている。そのためこの癌細胞では死が抑制されて、無限の増殖能力を持つようになったとも考えられている。ある種の癌ウイルスは *bcl-2* とよく似た遺伝子を持っており、同じようにして感染した細胞を不死化することによって癌化させる。

自殺する細胞

線虫や昆虫、さらには脊椎動物の体の形作りに、プログラムされた細胞死が必須であること、さらには、性の決定や癌化にもそれが関係していることがわかったが、もうひとつ重大なことは、脳神経系と免疫系という、最も高度に進化した生命システムの成立のためにも細胞死はエッセンシャルな役割を果たしていることである。

脳神経系は、ニューロンと呼ばれる神経細胞が突起をのばしてつながり合い精緻な回路網を形成することによって成り立つ。この回路にはいかなる過ちも許されない。どんな高級なコンピューターでも、ちょっとした配線ミスがあれば致命的な間違いを起こしたり独走してしまったりするのと同じだ。

ニューロンは神経線維という突起を延ばしてお互いにつながり合い、情報を伝達するための連結構造(シナプス)を形成する。神経線維の末端は、筋肉とか、皮膚とか、消化管などにつながりそこからの刺激を脳に伝える役割を果たす。一方、筋肉に対して収縮や伸張といった運動を実行させる指令もニューロンを介して伝えられる。私がこうしてペンを動かすためには、莫大な数のニューロンが忙しく働いて、最終的に紙の上に線の軌跡としての文字が描き出されるわけである。ニューロンのつながりにひとつでも誤りがあっては文章など書けない。

どのようにしてそんな正確な回路網が形成されるのか。ここでも細胞の死が鍵を握っているらしい。

受精卵から発生が起こり、やがて神経細胞が発生するというところまでは、基本的な遺伝的な設計図に従って行われる。しかしニューロンがどのようにつながり合ってどんな回路を形成するかという段階では完成した設計図が決まっているわけではない。そこには、多分に偶然性が入り込んで来るのである。

脳神経系が形成されるときには、一般にニューロンはやがて必要とされる以上に過剰に作り出される。それが神経線維を延ばしながらシナプスを形成してゆくのだが、その神経線維の末端が目的とする細胞、たとえば筋肉に結合するまで、神経線維はしばしば手探りのようにあちこちの細胞に触れながら伸びてゆく。そして目的とする筋肉の特定の位置を見つけ出すと、そこへの結合が完成されてニューロンの伸長は止まる。もし神経細胞が、結合すべき相手のニューロンや筋肉などに正確に到達できなかった場合は、その神経細胞は死んでしまう。余分な細胞の多くは、さまざまな試行錯誤ののち、間違って結合したものや重複したものは殺されてしまうのである。こうした淘汰が起こることによって正確な回路網が最終的に形成されることになる。

たとえば痛みや触覚を感じる知覚神経の場合には、脊椎の後根から出るニューロンの数は将来使われる数のおよそ二倍もあるが、シナプス形成に失敗したり過剰に結合してしまったニューロンは死んでしまい、約半分の正確な回路を作った細胞だけが生き延びて、一生そこで働き続けるのである。

　どうして成功した細胞が生き残るのかというと、結合した相手の細胞から、神経成長因子（NGF）という広い意味でのサイトカインが与えられるからである。この因子は一種の栄養因子として働いてニューロンの生存を助けるのである。神経成長因子をもらうことができなかった細胞は栄養が足りず死ななければならない。この死に方がアポトーシスなのである。

　サイトカインとは、基本的には、さまざまな細胞が作り出すホルモン様の活性物質で、他の細胞の成長、増殖、分化、運動などを引き起こす複数の物質群を総称している。

　じっさい、神経細胞をシャーレの中で培養する時に、神経成長因子を入れてやると神経線維が伸びてゆくのが見られるが、それを除くと細胞は死んでしまう。

　しかもその死に方がいかにも異様なのである。酸素を断たれた細胞が窒息して死んでしまう時は、細胞は膨らんで、エネルギー代謝に関係のあるミトコンドリアなどが変化を起こし、細胞膜が破壊されて死ぬのだが、神経細胞が成長因子を失って死ぬときは、まず細胞の核が縮小して核の構造が曖昧になるのが特徴で、細胞そのものの構造の破壊はずっと後になって起こる。まずDNAを閉じこめている核から死んでゆくのだ。

　この時、細胞のタンパク質合成などの生理的な働きを停止させてやると、細胞は逆に死ななくなってしまう。どうやら細胞は、自ら、自分を殺すためのタンパク質を合成して、自殺してゆくらしいのである。タンパク質を合成するためには遺伝子が働かなければならない。神経細胞がアポトーシスによって死ぬためには、死の遺伝的プログラムが作動して、積極的に自分を殺すタンパク質を作っていることによるのだ。そういうタンパク質としては、DNA分解酵素がある。

じっさいアポトーシスを起こした細胞からDNAを抽出してみると、長いDNAがズタズタに切断されているのがわかる。自らDNA分解酵素を働かせて、自分の生命の設計図であるDNAを約百八十文字ごとの単位（これをヌクレオソームと呼ぶ）で分断してしまうのである。

死を介した「自己」形成

このようにして精神的な「自己」を決定する脳神経系が形成されるためには、「自己」の全体性からはみ出した細胞を積極的に「自殺」させるという営みが行われていることがわかった。結果として成立した脳神経系が、いまのところどんな精密な機械も及ばない精緻な機構を持つ「自己」を形成し、「自己」らしさを創出し存続させているのは、それを疎外するような細胞を積極的に死なせているからなのである。いったん正確な回路が形成されて脳神経系が確立すると、その「自己」は、基本的には一生変わることなく維持されることになる。

その理由は、脳神経系の細胞、ニューロンは、回路が形成されてアポトーシスを免れると、その後一生分裂することなく生き続けるからである。免疫や血液の細胞と違って、死んだら二度と再生することがない。

しかし、その神経細胞も、人間では二十歳を越えるころから毎日十万個を超える数が死んでゆく。その多くは寿命がきて死んでゆくと考えられるが、これもアポトーシスのひとつの形とされている。寿命によるアポトーシスがどのようにして起こるのか、そのメカニズムはまだよくわかっていない。

それに対してアルツハイマー病は、高度の思考能力に関与する大脳皮質の神経細胞が大量に進行性に死滅してゆく病気である。アルツハイマー病での大量のニューロンの死も、アポトーシスによるのではないかと考えられている。この病気では、βアミロイドというまだ働きが不明のタンパク質が作り出されて脳に沈着してゆく。このβアミロイドは、試験管内で培養したニューロンに加えると死を誘導する。これがアポトーシスらしいことは、ニューロンのタンパク質合成を抑えることによって阻止することができることからも知られる。アルツハイマー病は、脳神経細胞の「自死」によって進行する病気らしい。

もう一つの身体の「自己」を決めている免疫系が成立する過程でも、同じような細胞の「自死」が頻発していることがわかっている。免疫というのは、「自己」の中に侵入してきた、病原体などの「非自己」を発見して排除するシステムである。しかしもし間違って、「自己」の成分を「非自己」と誤認してしまったら、「自己」を排除するような反応が起こり、個体の「自己」そのものが危うくなる。その結果として自己免疫疾患という恐ろしい難病が起こる。いまのところ自己免疫病の多くは不治である。

このような「自己」の排除という矛盾した反応が起こらないように、免疫系は二重三重に防衛網を張りめぐらしている。まず第一に、免疫細胞が体内で生まれたときから、「自己」と反応する細胞を排除する戦いが始まる。その主要なやり方は生まれてきた細胞に「自死」を起こさせることである。

「自己」と「非自己」の識別の中心的役割を担うのはT細胞と呼ばれる免疫細胞である。T細胞を作り出す臓器が胸腺である。胸腺の中で、さまざまな異物に対する反応性を持つT細胞が、毎日莫大な数生産される。T細胞が何と反応するかを決めているのはT細胞抗原受容体（TcR）という細胞の表面にあるアンテナのような分子である。免疫系があらゆる「非自己」を発見し識別するために使っているTcRというアンテナが持っている多様性は、複数の遺伝子のランダムな組換えによって作り出される。何分にもランダムな遺伝子断片のつなぎ換えで構造が決まるのだから、作り出されたTcRが何と反応するかはもともと予測できない。

そこで胸腺では、作り出されたT細胞の反応性を厳格にチェックして、「自己」と反応して「自己」を傷つける恐れのある細胞を排除してしまうのである。その目的のために胸腺はメッシュ状の迷路を作って、そこに「自己」抗原のひと揃いのサンプルを提示しておく。生まれたT細胞はこのメッシュの間隙を通ってゆくが、その間に「自己」と反応する受容体を持ったものは、「自己」のサンプルと反応してしまう。この反応が起こると、T細胞の中でアポトーシスの遺伝子が働きだして、細胞は次々に自死してゆく。こうして「自己」と反応する細胞は「胸腺」という密室の中にいる間に自殺してしまい、「自己」とは反応しない無害な細胞だけが生き延びることになる（図2）。

しかし、無害といっても、何の役にも立たない細胞も不要である。胸腺の中では、「自己」の内部に「非自己」が侵入したとき、それを察知して排除作戦に参加できないような無意味な細胞も除かれる。認識能力がないことが証明された細胞では、生存のために必要なサイトカインなどの刺激を受ける受容体が作り出されず、そのためＤＮＡの断裂を起こして自殺してゆくのである。この過程は神経成長因子の刺激を受けることができなかったニューロンが自死してゆくのに似て

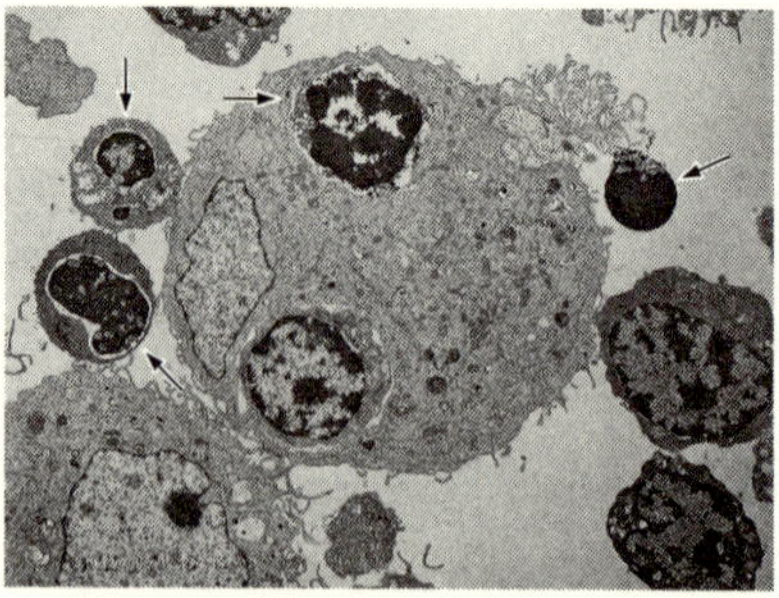

図2　胸腺内Ｔ細胞のアポトーシス

中央の大型の灰色の細胞が胸腺上皮細胞でその表面にはMHC分子が発現している。上皮細胞に接触して反応性を試されたＴ細胞のうち、MHCと強く反応した細胞や、反応性を全く欠く細胞はアポトーシスを起こして自死してゆく（矢印）。細胞の核の構造が破壊されて黒くなっているのがアポトーシスの特徴。（北条憲二、平峯千春提供）

いる。

この二段階の淘汰を受けて、なんと作り出されたT細胞の九十五パーセント以上もの細胞が胸腺を出てゆくことなしに死んでしまう。選び出された五パーセント以下の精鋭の細胞があらゆる「非自己」を識別し、「自己」を守る戦いに参加することになる。

免疫系では、さらにもう一段階の死の作動による「自己」反応性の回避があるらしい。最近になって胸腺内での「自己」「非自己」の識別の決定がそれほど厳格なものではないことが明らかにされている。それでは胸腺でのチェックを免れて体の中を循環し始めた「自己」反応性のT細胞は、どのようにして自己破壊を回避することができるのか。さまざまな学説や実験があるが、注目されているのは、そうしたT細胞が体の中で「自己」と反応してしまったときには、相手の細胞を殺すのではなくて逆に自分の方が自死してしまうという考えである。

こんな事実がわかっている。もともとは偶然に発見されたT細胞表面のタンパク質であるFasと呼ばれる分子は、それに対する抗体で刺激すると、細胞が典型的なアポトーシスを起こして死んでしまうことがわかった。つまりFasはアポトーシスを起こさせるための「死」の受容体だったのである。この死の受容体Fasの遺伝子に変異を持っている動物では、死を免れた特殊なT細胞が増え、その中には「自己」と反応する細胞もあるらしくて、自己免疫病が起こることがわかった。

胸腺内での自死を免れた自己反応性のT細胞があるといったが、こういう危険な細胞もFasを介して自己破壊を回避する。自己抗原の刺激を受けてしまった血液中のT細胞は死の受容体であるFasタンパク質を細胞の表面に多く持つようになり、Fasを介した刺激が起こって細胞は自殺してしまう。

死の受容体があれば、それを刺激する「死の因子《デス・ファクター》」もあるはずである。実際、Fasと結合する能力のある分子が同定されている。これまでにサイトカインが「成長因子《グロース・ファクター》」として神経細胞などの生存のために働くことを述べてきたが、Fasに結合する分子は「死の因子《デス・ファクター》」として、Fasを持っている細胞に働いて、細胞を死に至らしめることがわかってきた。

免疫反応が必要以上に長く続くのは生体にとって不都合である。抗体とかサイトカインとか危険性を秘めた物質が作り続けられるからである。最近の研究では、免疫反応をすでに起こした細胞は、Fasタンパク質を表面に多量に持つようになって、そこに死の因子《デス・ファクター》が作用して自殺してゆくことがわかった。役割を終えた細胞は、こうして舞台から消え去り、免疫反応という劇は終る。

ちなみにFasタンパク質は、神経成長因子に対するニューロン上のレセプターのひとつと、タンパク質の構造がきわめてよく似ている。また癌細胞が免疫の機序で殺されるときにも、癌細胞の上にあるFasタンパク質とT細胞上の死の因子《デス・ファクター》の反応が関係していることが最近わかってきた。

死の因子《デス・ファクター》の方は、一般には細胞の表面にあって、自分を殺しに来るような細胞上のFasに働いて逆に相手を自殺させてしまうのだ。この二つの分子「死の因子」と「死の受容体」の発現を調節し合いながら、細胞の共同体の平衡が保たれていると考えることもできよう。

死の意味

脳神経系、免疫系というような、個体の「自己」を決定し、その「自己」の生存に必須なシステムが成立するためには、細胞の「死」が必然的にプログラムされていなければならなかった。個体の「生」を保証していたのは細胞の「死」のプログラムであった。

死をプログラムする遺伝子が存在していたことは、もともと細胞は死すべき運命を持って生まれてきたことを示している。また死のプログラムに対してそれをオンやオフにする遺伝子が存在していることは、死というものが高度に調節された生命現象であることを示している。生命のアンビバレンツが見えてきたのだ。

アポトーシスによる死は、受動的なものではなくて、「自死」とでもいうべき積極的なものであった。アポトーシスを、「自爆死」とか「自殺」とかと訳している人もいる。アポトーシスを起こすための多くの遺伝子が用意されていたことは、この現象が生物の生存にとって必須のものであったことを示す。しかもそれは進化の過程で線虫から人間にいたるまで保存されてきた。生きるための装置のほかに、死ぬための装置も進化し続けてきたことがわかる。

死を実行するためには、まず死を決定する遺伝子が働き、死を執り行うタンパク質の新たな合成が行われなければならない。細胞は、自らの設計図であるＤＮＡを切断して死んでゆく。それによって逆に、脳神経系や免疫系などの高度の生命システム、私が超《スーパー》システムと呼ぶものが保証されていたのであった。

死の生物学は、いまブームを迎えつつある。不死の細胞である癌の発生。エイズにおける免疫細胞の際限ない死。アルツハイマー病での中枢神経系の進行性の死など、いずれもアポトーシスが鍵を握る重大な病気である。

人間のゲノムの中に、個体を構成する細胞の死のプログラムがこれほどまでに明確な形で存在していたという事実は、生命観そのものにも影響を与えるであろう。生命はもともと死すべきもの《モータル》として生まれてきたのである。

ところで、私がこの本『生命の意味論』で試みようとしているのは、個体の生命現象を眺めながら、より高次の生命活動としての文明、都市や言語、経済活動をも「超《スーパー》システム」として考えてみることである。文明というものが、人間という個体によって成立する生命活動だとすれば、個体の死もまた、より高次の超《スーパー》システムの成立のために、もともとプログラムされているのかも知れない。「超《スーパー》システム」の中での死の位置づけは、さまざまな文化現象の成立と崩壊を考える鍵となると思われる。

二つの死

「さんざん遠回りしたあげく臓器移植法案が可決されて一年近くたつのに、脳死者からの臓器提供がないのはどうしてでしょうね」と聞かれた。そういえば、法案が可決されてから事態は進展していないばかりか、人々はむしろこの問題に無関心になってしまったようにみえる。どうしてだろうか。

冷静に振り返ってみると、私にはいまになって思いあたることがある。あのかまびすしい議論の中で、脳死が人の死だなどとは誰も信じていなかったのではないだろうか。脳死者をそのまま埋葬したりしないように、本当は死者などとは誰も思っていなかった。ただ議論に巻き込まれて、死者と考えれば辻褄が合うと思ってしまっただけなのではないだろうか。すべての人が納得できる人の死は別にあるのに、脳死も人の死という医療側の論理をつきつけられ、外国ではそれが通用していると聞かされて、そう思い込まされてしまったに過ぎないように思われる。

だから法案の通過という形で一応の決着がついてしまうと、もともとそうは信じてはいなかったのだから、脳死を現実的な死として考える余地などなくなってしまったのではないだろうか。

この法案は、対立意見を両立させるために、ふしぎな成り行きで可決された。脳死を認める人にとっての死と、そうでない人の死を別の基準で定める。すなわち「二つの死」を認めるという前代未聞の奇怪な法律となってしまった。一見両方の立場の人が納得できる便法にも見えるが、誰も納得などしていなかった。ある人にとっての死が、別の人にとっては死ではなくなる。そんなことを納得する人は誰もいないはずだ。

私は、脳死の問題をすぐさま移植医療に直結させて議論してしまったのがそもそもの間違いの始まりだったと思う。いまここに脳死状態に陥った人がいる。さあどうするか、ということになれば、まずそれは終末期医療の問題である。人生の終末期に、意に反して強制的な延命操作を受けている患者がいる。それをどうするのか。それだけで重い終末期医療の問題だったはずだ。

全身の管という管をプラスチックのチューブにつながれ、生命維持装置と強制的な人工栄養で生かされている生命。こういう積極的な治療を続ければ、その状態を長い期間延長させることができる。本当にそれでいいのか。

こうした状態が発生した場合には、現在でも人々は互いの納得と合意のもとに、段々と積極的な治療を緩和してゆき、安らかな死がおとずれるように配慮していると思う。それをとがめる者はいない。むしろ死線期の患者の苦しみを長引かせるような延命治療は非人道的なこととして排除される。

積極的な安楽死を恣意的に行なうことは勿論禁止されているし、実施されてもいない。しかし、いま欧米で激しく議論されているように、死が近代医療の中で人工的に管理されるようになった現代では、死のプロセスへの積極的介入を避けて通るわけにはゆかない。アグレッシブな延命治療を停止してゆくことによって安らかな死をもたらす尊厳死と、死の過程に何らかの形で積極的に介入して終末期の苦しみを短縮させる安楽死との間に明確な線を引くことはむずかしい。実際には消極的安楽死は、表面には出てこないまでも信頼された医師と患者、家族との間の合意の上で、まれならず行なわれていると私は思っている。

友人の母親は、長い間昏睡状態で褥瘡だらけになった夫を見かねて、受け持ちの医師に懇願して栄養補給のための点滴を中止してもらった。医師は初めそれを拒否したが、長い対話の末に、強制栄養の点滴の管を抜き去った。患者は間もなく安らかな死を迎えた。こうした行為を誰が非難することができようか。

同じように、脳死状態で持続的に生命維持装置につながれ管理されている患者がいた場合、それを停止することを望む家族がいたとしてもそれを非難することはできまい。いや医師の方でも、いつかはそれを停止しなければならない時が必ず来ることを知っている。この段階で、さらなる延命をはかる過度の治療を続けることの方が非難されるだろう。

脳死はこのように、終末期医療の対象としてすでに多くの問題を抱えている。移植医療の対象として考える前に、脳死状態の患者の終末期にどう対処するかをまず考えるべきだったのである。

不幸にして脳死に陥った時、もし患者が自発的な生前の意志として脳死状態での延命治療は行なわないようにという書面での表示があった場合、医師は確実な脳死の診断がついた時点で、家族との合意のもとに生命維持装置のスイッチを切ることをためらうべきではないと思う。たとえそれが物理的な死期を早めることになろうとも、終末期における死の自己決定権を尊重した医師の行為の違法性は棄却されるべきであろう。もし法がこの問題に介入するとすれば、死期を何らかの形で早めたという違法性が棄却される要件を整備することであろう。

脳死と移植医療の問題は、この延長線上で考えるべきだったのではないだろうか。終末期の脳死患者がいて、その物理的な死期に医師が介入し得る要件が明確に規定されたとしよう。患者の生前の意志が書面で確認され、脳死の明確な診断が行なわれれば、患者と家族の自発的意志に従って、他人の生命を守るための臓器の摘出が行なわれたとしても、やはりその違法性は棄却されるべきではないだろうか。それは、母体の生命を守るためには、やむを得ず胎児の生命を絶つことがあり得ることをすでに規定している医の倫理の延長上にあることだと思う。むずかしい問題だが、それこそ議論しなければならなかったことだと思う。

私たちが脳死という問題を契機に、久しく忘れていた自分の死の意味を身に引きつけて考えようとしていたのに、法案に規定された「二つの死」という曖昧な基準で問題が霧消してしまった。脳死状態になったら、自分の物理的生命が絶たれても進んで自分の臓器を提供したいと真剣に考えていた人たち、自らの意志で「菩薩行」としての臓器提供を考えていた人たちは、この便宜的な死の法案によって考えの連続性を断たれてしまったのではないだろうか。私には、この法案で臓器提供が遠のいてしまったような気がしてならない。

引き裂かれた生と死

一九九九年二月二十八日、日本初の脳死者から臓器移植が行なわれ、移植された心臓、肝臓ともに移植を受けた患者の体内で正常に機能しているという。三十年を超える空白のあとで再開されたこの心臓の移植は、これまでのタブーを打ち破り、日本における移植医療の道を開く快挙となった。

長い準備期間地道な研究を重ね、慎重に問題の一つ一つを解決した上で、この成功へ導いた関係者の努力にあらためて敬意を表したい。さまざまな議論が渦巻いたあとで、ついに一つのハードルを越えた。しかしあまりにも過熱した報道が、かえって移植医療を異様な人体実験のように印象づけなかったかを危ぶむものである。

こうして第一のハードルを越えれば、もう脳死者からの臓器移植は問題なく円滑に行なわれる道が開かれたのかというと、そうではあるまい。まだ数々の困難を乗り越えてゆかなければならない。というより、これほどの長い道のりを強いた根本的な問題は、まだ解決されていないのである。これからの移植医療の健全な発展を期すために、ここで問題の所在を明らかにしておくことは無駄ではあるまい。

脳死移植をここまで遅らせた最大の理由は、言うまでもなく、脳死が人の死かという議論に国民的な合意が得られないまま法制化が行なわれたことである。

一九九七年六月、いわゆる臓器移植法が可決されたが、その最終段階では、本当の意味での開かれた議論があったわけではなく、差し迫った移植医療の要請に対応するために、かなり無理のある文言でかろうじて通過させたというのが実情である。

その結果として、脳死を受け入れる人には脳死を人の死と認め、受け入れない人には従来の心臓死を死と定めるという「二つの死」という基準ができてしまったのだ。万人にとって絶対的であるはずの死に、二つの形の死を認めると規定した前代未聞の法文である。ある人にとって死であるものが、他の人にとっては死でない。こんな不思議な死の定義は世界に例を見ない。

私はまず、それぞれの国の文化や伝統の基礎となった死の概念があいまいになって、社会における死の現実性が損なわれることを懸念したが、問題はそこにとどまらない。実際の脳死者に対する医療のあり方そのものが困難になってしまったのだ。

それでも法案が可決され、いま現実に脳死者からの臓器移植が行なわれた。それでよいではないか、というのは当たらない。これから移植医療が拡大普及してゆくためには、このあいまいに規定された「二つの死」が常に影を落としてゆくことになるからだ。

移植医療側は、脳死に陥り、しかもドナーカードを持っている患者は死者とみなして移植の準備を始めるが、それを死とは認めない家族や友人にとっては、なされるべき治療の中止を意味する。第三者からみれば、法的に規定された「二つの死」の基準のいずれかが、だれかによって選ばれることになる。しかもそれはその都度、症例ごとに行なわれる重い選択なのである。

そもそも脳死が世界的に大きな問題となり、ことに日本ではついに合意に至らなかった最大の理由は、多くの人が脳死状態の人を「死体」だなどと思っていなかったからなのだ。それは現在でも、そして欧米においてすら払拭されているわけではない。脳死者をそのまま埋葬したりしないように、その根底にあった心理的抵抗は解消されてはいない。

それでも人間存在の基本を意識や精神においた西欧は、精神の座としての脳の死をもって人の死と規定するというように、あえて死の概念の人為的な操作を行なった。それは西欧の価値観に根ざした一つの決断だった。しかしともかく、「脳死」を死の絶対的基準とすることに、西欧社会は合意したのだった。

精神と同時に、身体の働きの方に人間としての価値を認めてきた日本で、もっと困難な議論となったのは当然の成り行きであった。いつまでも進まぬ議論に業を煮やした人もいるが、同時に、日本だったら慎重な議論の末に、もう少し納得のゆく脳死の倫理観が示されることを期待した西欧の生命倫理学者もいた。ところがその結果が、思いもよらぬ「二つの死」だったのである。

死の基準が二つあるとしたら、現実の脳死患者はどちらの基準で扱われるか。移植医療の側からみれば、まず「死者」と判定しなければ臓器提供は望めない。それもできるだけ早く「死者」

とすることが必要なのだ。一方他の当事者にとっては、脳死状態の患者は生死の境で懸命に闘っている生きた患者である。家族や介護者は、「死者」としてではなく終末期を迎えつつある患者として必死に介護し治療している。

そこには文字通り二つに引き裂かれた生があり、引き裂かれた死が生まれる。一方には、死と闘っている患者とそれを全力で治療しようとする医師がいる。他方には、なるべく早く脳死と判定し臓器を獲得しなければならぬ医師がいる。当事者たちは、この二つの死と生の間の綱引きを毎度余儀なくされるのだ。

移植医療に必要とされる臓器は絶対的に不足している。この綱引きがどちらの方に揺れるかは容易に予想できる。引き裂かれた生と死の綱引きの現場で、終末期患者の人権が本当に守られるだろうか。症例を重ねる度に、この問題は重さを増してゆくと思われる。二つの死の定義のはざまで、善意の臓器提供がかけひきの対象になってはならない。苦悩はむしろいま始まったのである。

私自身は、もともと脳死状態は病院内では基本的には終末期医療の対象と考えていた。脳死はまず、移植医療の問題としてではなくて、終末期医療の問題として取り上げられなければならなかったはずだ。それを通り越して、すぐさま移植医療の対象として議論されたのが不幸の始まりだったと思う。

それでは臓器移植はどうなるのか。もし終末期の患者が脳死と判定されたとき、前もって文書で積極的な延命治療を拒否し、善意によってその時点での移植のための臓器摘出を希望していたとしたら、それは患者の自由意志による死の選択であり、その上で善意による臓器の提供が可能になったと考える。その際、脳死状態での臓器摘出は超法規的に許される医療行為とされるべきだろう。

死の自己決定権は、それなりに大きな問題を抱えてはいるが、脳死のような明確な条件を備え、患者の生前の意志が確認されている場合には解決は可能であろう。それこそ、死の定義を二重の基準で操作するのではなく、脳死移植を善意をもとにして可能にする新しい死の倫理だったと私は信じる。

しかし、新たに作り出された「二つの死」の基準は、終末期患者の生を二つに引き裂き、当事者の多くを当分苦しめ続けることになるだろう。これまで行なってきた真剣な議論をこれで風化させてしまってはならないと思う。

死のかくも長いプロセス

断頭実験

よく引き合いに出される話で恐縮だが、こういう実験がある。

たとえば、ニワトリの頭を切り落としたとする。ニワトリはこれで死ぬが、その死は断頭の瞬間に生ずるものであろうか。

もちろん、心臓はしばらくの間鼓動し続けるし、腸の蠕動《ぜんどう》も止まらない。筋肉は長い間反射運動を繰り返すし、体の代謝は止まっていない。切り落とされた頭の方でも、反射能力が一瞬の間に消失するわけではない。脳もまだ機能を完全に失ってはいない。

しかし人間は、断頭されたニワトリを生きているとは認めない。まだ脳の働きが残っている頭はポイとゴミ捨てに捨てられ、鼓動する心臓を含む体の方は、すぐさま食肉の加工に廻される。

少なくとも人間を除いた動物の死は、このように処理される。

加工に廻された食肉は、冷蔵庫に保存される。数日たって食用に供されるときでも、かなりの細胞は生きたままである。数週間たったあとでも、たとえば線維芽細胞などは生存能力を保ち、食肉から培養液の中に移せば生きて分裂する能力を持っている。

個体の死のあとまで残る部分の生を、超生体現象といって区別することもある。死後、長く生き残る線維芽細胞や貪食《どんしょく》細胞の働きなどはそれである。しかし、そのレベルを超えた統合的生体反応、精神神経系、内分泌系、免疫系の機能は、心臓停止ののち、すみやかに消える。

個体の生命の設計図であるDNAにいたっては、条件さえそろえば永遠に保存することができる。科学技術が進んで、一揃《ひとそろ》いのニワトリのDNA（ゲノム）が保存されていさえすれば、もとのニワトリを復元することができるようになるかもしれない。すでに、映画の『ジュラシック・パーク』は、保存されていた恐竜のDNAから恐竜を復元する物語である。恐竜の化石に含まれたDNA情報をもとに、失われた恐竜をもう一度作り出そうと考えている科学者がいる。恐竜はいつかは蘇る。そういう意味での生命はまさに不滅である。しかし、それを生きているということはできない。

断頭実験のニワトリは、一瞬のうちに死んだ。それを疑うものはいない。心臓も、おそらくは脳もまだ生きているが、ニワトリという個体の生命はすでに失われたと人間は考える。

人間では死の三徴候、心拍の停止、呼吸停止、反射消失をもって死の三徴候とするという基準が明治以来採用されてきたが、断頭実験のニワトリの死では、呼吸以外はまだ保たれている。ニワトリと人間では、死の基準が違うことになる。人間は、人間の死だけをニワトリなど他の動物の死と区別して扱ってきた。しかし、そんな不合理なことがあってよいのか、という意見もあるだろう。

実際ある国で、犯罪者を銃殺にした処刑直後に、移植のための臓器摘出を行っているという報道があって、物議をかもしたことがある。断頭ニワトリと同様に、処刑直後のまだ心拍の続いている体を、すぐさま死体として扱うかどうかは、文化的な問題になってしまう。

生物学的にみれば、処刑直後の死体は死という長いプロセスに入ってゆく、ひとつのステップにいる。それがまだ生体現象の多くを残しているために、この段階の死体を資源として利用することに、文明国の多くの人たちがためらいを感じるというのが実状であろう。

先ごろ問題になった脳死に関しても、事情は同じである。人工的にせよ生かし続けられている脳死者は、断頭直後のニワトリと同様に、身体的にはすべての生体現象を保っている。それが、単に個々の細胞や器官に残っている超生体現象とは違って、免疫応答能力を含むいわば統合的生体反応さえ保っていることから、問題は複雑になってくる。脳死者は、死の長いプロセスに入りつつあるが、十分に死んではいない。それを死と認めるかどうかは文化的な問題になるわけである。

死の「感知」と「認知」

生物学的に、ニワトリと人間は別に変わっているわけではない。ＤＮＡの解析からみれば、地球上の生物はみな同じ構成成分からなるＤＮＡで決定されているし、高等脊椎動物の生命の機構は、ニワトリもモグラも人間も基本的には同一である。ただ大脳の発達によって、他の動物種とは違った感情や知性、そして文化を持つようになったというのに過ぎない。しかも、大脳に特徴づけられる生命活動は、必ずしも人間に限られているわけではない。他の動物種にも、感情や知性の芽生えを見ることができよう。

しかし、大脳の機能の発達の過程で起こったと思われるひとつの重大な事件は、死の「感知」とそれに基づく文化の発生である。人間は、共に生きてきたものの死を「感知」することによって、愛や悲しみ、共同体意識を持つようになった。その結果として、それぞれの文化や伝統が形成されていった。さらに、死を単に終末と感じるのではなくて、死後の長いステップと再生のプロセスを考えることによって、多様な宗教が発生した。宗教や文化の継承を通じて、それぞれの共同体や地域の死の受け入れかたは異なってくる。死の「感知」の仕方もそれぞれの文化や伝統の現れであるから、決して一様ではないはずである。

ここで「感知（perceive）」というのは、「認知（conceive）」と対比させてのことである。「感知」が基本的には直覚に基づいているのに対して、「認知」は、知識と概念による判断である。

私は、人間がこれまで共有していた文化的な死は、「感知」された死であったと思う。人間は、生きている限り必ず人間の死に出会う。多くの場合は、肉親や友人、愛する者や尊敬する者、失いたくない者の死である。その死は、理屈を越えた衝撃を人に与える。それは身近にあったニワトリや家畜の死とは明らかに違う。死を「感知」することで、逆に生命の意味も知ることになる。

死の「感知」の仕方は、それぞれの個人で違うし、また民族や国民性によっても異なる。これもよく引き合いに出されることだが、航空機事故や戦死者の遺骨の引き取りに、日本人ほど執着する国民は他にないといわれる。医師に臨終を告げられた後も、肉親の死を信じない遺族も多い。

それに対して、医学における死は明確な観察と基準によって「認知」された死である。先に述べた死の三徴候は、それぞれが客観的に認識される事実である。これによって、いかなる人間も死を客観的なものとして容認し、死は直覚的なものから冷徹な事実へと変わるのである。

しかし医学的な死の判定も、必ずしも絶対的なものではない。先に述べたような死後の生体現象は長い間続くし、逆に生存に必須な臓器機能の喪失、すなわちそれぞれの臓器の死は、もっと前から始まっている場合もある。

肺の呼吸機能が完全に停止すれば人間は必ず死ぬが、人工心肺でしばらくは生かすことができる。肝不全は、全体の死よりしばらく前に来る。脳死は、明らかに生きた身体の中で進行する。

しかし、三徴候という死の「認知」は、直覚的に「感知」される死とほぼ一致することから、長い間矛盾なく受け入れられてきたように思う。死というものが、もともと直覚的であり、文化的なものを排除しては考えられないとすると、三徴候はそれなりに妥当な基準であった。それは、死の長いプロセスの中で、「感知」される死と「認知」される死の接点であったように思われる。

肉親の死

私事になるが、私の母は長い癌との闘病の末に亡くなった。大腸癌の二度にわたる大手術、やがて残った腸管への無数の癌の転移のため、下血と輸血を繰り返すようになった。気づいたときには、中心静脈栄養法によって持続的に栄養が与えられ、口から物を摂《と》ることはできなくなっていた。

静脈は点滴針に、鼻腔《びこう》は酸素のチューブに繋がれた。口腔からは吸引のためのカテーテルが差し込まれ、尿も管で導尿されていた。体中の管という管は外部のチューブに繋がれて、完全な外部管理状態が確立してしまった。

意識レベルは低かったが、呼びかけると応答する。痛みはみごとにコントロールされていたので苦痛があるようには見受けられなかった。最後の数日に至るまで、孫や友人の訪問を受けて、意識のはっきりしているときは笑顔で応答した。このまま輸血を続ければまだ何日も生き続けるかもしれないと思っていた。

しかしある朝、私は明らかに母が変容したのを目撃した。その朝大量の下血をした母は、もう昨日までの母ではなかった。

何が変わったのか。ひとつひとつの症状をあげつらっても、正確な答えにはならないだろう。何かが突然変わったのだ。

私はそのとき、「母が死んだ」と思った。母は明らかに死のプロセスの中に入っていったのだ。まだ自発呼吸もしていたし、深い昏睡状態に陥ってはいたが、強く応答を求めるとわずかに瞼《まぶた》が動いた。家族たちは、昨日と同じような母の闘いが今日も続くものと、病室での営みをしていたが、私はもう母に心の中で別れを告げていた。

私の希望で輸血が中止され、母は間もなく本当に死んだ。死んでからも、心電計のモニターには、時折心拍の小さな山がスウッと現れ、家族たちは「ああ、まだ生きている」といった。

体中に突きささっていた管が全部引き抜かれると、母はやっと安らかな顔になった。家族たちは、まだ暖かい母の死体にすがってまるで生きているかのように話しかけていた。

死を「感知」する意味

母の本当の死の前に、私は明らかに母の死を「感知」していた。何ものかが変わった、としかいいようのない生から死への変容。それは明確な基準で決定できるものではない。またそれぞれの人によって、何をいつ「感知」するかは違うのであろう。

ある人はいち早く死の萌芽を見出すであろうし、ある場合には医学的に死の三徴候が現れたあとでも、死を認めないこともあるだろう。

前にも述べたように、死や生といった、もともと直覚的で個別的なものを排除しては考えられないものに関しては、この「感知」というプロセスが果たす役割は重要である。それに対して、医学は死の基準というものを前もって決めて、概念的にそれに合致するかどうかで「認知」する。「認知」された死と「感知」された死は必ずしも同一ではない。従来採用されてきた死の認知基準である「三徴候」、すなわち心拍停止、呼吸の停止、反射の消失も、多くの場合「感知」された死にきわめて近いというだけである。そのため世界各国で長い間矛盾なく採用されてきたに過ぎない。

ところが、「脳死」の場合は、人工的ではあるが呼吸を続けており、心臓は鼓動し続け、体は暖かい。代謝も免疫反応も生前と同じように起こっている。「脳死」は「感知」することができない死である。

「脳死」の問題がこれほどまで激しい議論を呼んだ理由のひとつは、それが「感知」できない死であることによる。それはまた、死という長いプロセスに踏み込むことができない段階での死でもある。死に伴って起こる死後の変化が人工的に停止されている。そのためますます「感知」されるる死から遠ざかる。この人工の死を、人間はこれからどのような手段で「感知」できるようにするのか、あるいは「感知」できない死をどのようにして受容してゆくのか。それは私たちに課せられた問題なのである。

死の「認知」

私の母のように病院で死ぬことになっても、大勢の家族に囲まれ、死の一刻一刻を共有することができたのは、現代ではむしろ稀《まれ》なる幸福な例ではないかと思う。それを看取った家族の方も、母親が死にゆくプロセスのひとつひとつに参加し、臨終の一点に劇的に参加することができたのである。

それによって、家族は母の死を明確に「感知」することができ、やがてそれを事実として「認知」する。その後の死者のための儀式は、この確かな死の「感知」と「認知」の上に粛々と間違いなく進行する。もう母の死を疑うものはないし、あとは明らかに死者となった母を、自信をもって弔い、送りさえすればよいのだ。

母の死体では、時がたつにつれて死者特有の変化が進行している。遺族はそれを確かめることによって、深い悲しみの反面、死の直前まで十分に看取った充実感さえ感ずる。母の死が刻々と進行すると同時に、何ものかが私の中でも成熟してゆくのがわかる。

死の長いプロセスはこのようにして進行する。弔問の客や遠くの親戚が集まり、すべてが整い、ついに成熟のときが来る。もうこれ以上死を成熟させるのは悲しいし、残酷だ。もう死はまぎれもない事実になったのだから。

そうして最後の別れがあり、死体は荼毘《だび》に付される。死のすべてのプロセス、仏教では「九相」という長い旅路は、一瞬のうちに炎の中で完成する。家族は、ここでも早送りになったフィルムを見るように、死者の一生と死の過程を共同体験する。

死者はこうして私たちの視界から消え去る。あとには死者でなければ提供することのできない数々の想い出が残される。もし、この長い長い死のプロセスを「感知」することがなければ、愛するものの死の「認知」にはいささかの疑いが入り込むことになるだろう。

「感知」される死の不在

しかし、このごろの病院における死は、「感知」される部分が極度に制限されてしまっている。死期の患者は、大部屋では白いカーテンで隔離され、大勢の家族が立ち会うことは拒絶される。家族は枕元で死の進行を確認したり、嘆き悲しんだりすることはできない。ときには立ち会うものもなく、ひっそりと医師による「認知」が行われるばかり、ということもある。

死体はプロフェッショナルに処理され、白布に包まれて人目を避けて運び出される。同室の患者にも、ほとんど気づかれないうちに死は進行する。家族たちは別室で病人の死を待たなければならない場合もある。子供たちにとって、彼らの祖父や祖母の死は、はるか彼方で起こる「感知」しえない事件である。

その後の死の長いプロセスもまた関心の外にある。死体は、業者の手で葬儀に付され、焼却される。翌日からは、何事もなかったような日常が始まる。

肉親の死に立ち会ったことのない子供、死を「感知」したことのない大人が増えている。彼らにとっては、死は存在しないも同然である。

それが社会の大勢となったとき、死は「認知」はされるが「感知」されることのないものとなってしまう。それが、文化的にどういう意味を持つかを考える必要があるだろう。「感知」されることがなくなったとき、死はもう日常には存在しなくなる。あとは、医学的に「認知」され、それに基づいて処理される死体が残されるばかりである。その死体は、断頭されたニワトリと同様に、死の長いプロセスに入ってゆくことはできない。

昨今の脳死に関する議論も、長いプロセスとして「感知」される死の、どの時点で「認知」するかという議論ではなく、断頭された時間そのものを「認知」しようという議論であった。脳死が「感知」されない死であることから、従来共有してきた「感知」される死との間に文化的な問題が生じたものと思われる。その間で意味のある対話が行われない限り、医学による「認知」は、現実の人間の死からますます遠ざかることになるだろう。

父の教訓

私の父は、十年ほど前に長患いの末、八十歳で死んだ。死ぬ前の一年あまりは病院に入院したきり苦しみの連続だったので、本人も家族も心の休まることがなかった。二度の心筋梗塞の後、小康状態が続いていた所へ胃癌を併発し、やがて心臓の代償不全に陥り、あとは病床にくぎ付けとなってしまった。

もともと豪放で毅然とした性格だったので、入院中もわがままの言い放題だった。母がつきっきりで看病していたが、いっときでも病室を離れれば機嫌が悪かった。しょっちゅう体の向きを変えたり、話しかけたりなだめたりで母の方も限界がきていた。助けを求められても、忙しい私たちはそう頻繁に見舞いに行けなかった。いきおい近くにいる娘や嫁たちが代わる代わる看病に行ったがこちらもへとへとになった。

慢性の心不全に癌の併発という悲惨な病床生活を送っていたのに、父は全く態度を変えることなくわがままを通し、母や私たちを困らせ続けた。年余にわたる闘病の末、「ありがとう」でもなくついに死んだ。

父が死んだときには、悲しみといっしょにある種の安堵感が私たちを襲った。それは、できることはすべてやりつくしたという満足感でもあった。

最近になって時々思うことがある。父は、最期の病床にあっても大いばりでわがままをつくし、決して卑屈になることはなかった。もし、あの父が卑屈になったり遠慮したりしていたならば、私たちもどんなに惨めな思いをしたことだろうか。

一人では支えきれないほどの困難があったから、母や子供たちは互いに連絡を取り合い協力しなければならなかったのだ。それも父の意図していたことなのかも知れない。

ひょっとして父は、私たちの自尊心を傷つけないためにわがままを通し、皆を協力させ、老人の尊厳を守ったまま死のうとしていたのではないかと思うのである。

「老い」断章

この世でもっとも美しいものは廃墟である、というのが私の変わらざる信念である。シチリア島を旅したとき、とどろく雷鳴と昼の闇をつらぬく稲妻の下、大粒の雨に打たれて、孤高に立ちつくすセリヌンテのギリシャ神殿の廃墟を見たことがある。そこに凝縮した二千五百年の時間が、ゆっくりと崩壊し続けるひそかな音が聞こえるような感動に襲われた。

この世でもっともぜいたくな美の実現の仕方は、廃墟を作ることであろう。ただ、廃墟というのは始めから作ろうとして作れるものではない。廃墟であるためには、まず洗練され、贅《ぜい》をつくした最高の構築物を完成しなければならない。

それをみがきあげるように使い、高度の文化を築きあげ、人工的に破壊するというのではなくて、文明の生理的衰退に合わせた長い長い時間をかけて、自然が不可逆的な物理的・化学的反応を進行させ、無駄なものをすっかり崩壊しつくして、隠し続けてきた何ものかが現れ、それで初めて廃墟が完成するのである。その廃墟は、時とともに成長し、変容し、そして風に吹かれ、ついには何もなくなる。ギリシャやローマの廃墟が、ガンダーラやシルクロードの仏跡が、エジプトやペルシャの遺蹟が、かくも美しく崇高であるのは、その大もとである古代文明が、たとえようもなく見事に花開いて、さらにそれが回復しようもなく失われ、ただそれを偲ぶ最小限の遺構のみが、絶対に修正不可能な形で残っているからである。それはまさしく絶対であり、限界であり、孤高であり、すべてがそこに凝縮したものである。それは単に、ほろびてゆくものは美しい、などという感傷的なものではなくて、時間という逆もどりのできない過程のゆきつくなれの果てである。

「老い」の姿というのが、廃墟のようだったらよいと、ふと思った。そのためには、老いの前の完成した構築が優れたものでなければならないし、老いに至る過程が自然でなければならない。「老婆《ろうば》は一日にしてならず」という名文句があるが、老いを完成する前段階は大変むずかしい。それだからこそ、老化については、文化論、社会論のみならず、医学の介入も必要になってくるのであろう。健やかに老い、神のように孤高で、そして永遠の廃墟の中に戻ってゆく旅人というのは、素敵だ。

お能の最高の秘曲は、老女物と呼ばれるもので、いずれも百歳に余る老女が主役である。「関寺小町」「鸚鵡《おうむ》小町」はともに、百歳を越えた小野小町のなれの果てで、ありし日の栄華と美をなつかしむ、枯れ枯れと、美しい舞いの衣をひるがえす。ありし日の才女は、たとえ衰え果てても、真実の高みからこの世を見下ろす。「関寺小町」では、関寺のわら屋に隠栖《いんせい》している百歳を越す小町が七夕の夜、稚児《ちご》の求めに応じて歌を詠み舞いを舞う。このときの小町には、関寺の鐘の声が諸行無常と響いたとしても、聞こえなくなった耳には益もなしという老残の身である。杖にすがって舞う舞いこそ、皮肉なことにお能の最奥《さいおう》の秘曲で、凡手のとうていなすべきものではない。

「姨捨《おばすて》」は、姨捨山《おばすてやま》伝説にちなんだ曲であるが、荒涼たる姨捨山にさんさんと照り渡る月光のもとに、すでに人間を卒業して、大宇宙にまさに還元されようとする老女の超越のさまを現す。わずかに残るこの世の名残りに、白衣をひるがえして舞う老女は、もはや人でもなく女でもない。

老女もののもうひとつの傑作は、「卒都婆《そとば》小町」である。高野山の高僧の前に、百歳に余る老いさらぼえた乞食女《こじきおんな》が現れる。橋掛かりに立ち止まって胸杖をして休息しながら、まさに百年のかなたからゆっくりと歩いて来る。道ばたの倒れた卒都婆に腰をかけて休んでいるので、僧がとがめる。すると老女は、もとは仏体を現すという卒都婆であったとしてもいまは朽ち木、老婆といえどももとは美女であった私が腰かけるのは、構わないばかりか功徳《くどく》にさえなるでしょう、と舌端火を吹く卒都婆問答をしかける。論破された高僧は何という悟りを開いた乞食女であることかと驚き、老婆の足もとに跪《ひざまず》いて三度の礼をなすと、老婆は勢いづいて、「極楽の中だったら悪いということもあるでしょうが、ここは浮世、固いことをおっしゃいますな」とうそぶき、すたすたと立ち去ろうとするのである。

このほかにも、年老いた歌詠みの白拍子の霊の執心を描いた「檜垣《ひがき》」という能があり、永遠に流れ去る水の心を舞いに託して、時の彼方へと過ぎてゆく老境を垣間みせる。

広島から瀬戸内海の鹿島《かしま》の方まで車を走らせたことがある。知り合いの診療所の先生の紹介で、初夏の日ざしにたゆとう内海に向かって終日釣りをしている老人に会った。毎日そこで糸を垂れているという。左手が不自由で満足に釣りもできないと嘆く老人は、たしかにたくさんのゼンマイがほどけ、いくつかの歯車が噛《か》み合わない。しかしその後ろ姿には、シチリアの海に向かう断崖の上にたつギリシャ劇場の廃墟に立たせたとしても、不自然ではない劇中のひとがあった。

メキシコの小さな港町に立ち寄ったときも、同じような老人に出会った。長旅に疲れ果てて、海に面した小さな木造のホテルに着くと、ロビーの右手にバーがあった。見ると一人の老人がカウンターに座って飲んでいる。チェックインしてバーに行くと、人懐《ひとなつ》っこい眼で話しかけてくる。私にはスペイン語はほとんどわからない。ただバーテンダーの説明を総合すると、かつては漁師だったこの老人が、いまは毎日ここでテキーラを飲んで日を過ごしているということであった。額にきざまれたシワと、節くれだった四角い指と、いかにも潮の匂いがするようながっしりとした体つきは、ヘミングウェイの老人のようにもはや海の精霊みたいだった。私はテキーラといっしょにカジる岩塩の一皿をあげて、二、三杯一緒に飲んで寝床にもどった。波の音で終夜寝つかれなかった。

翌日午後も早いころ、出発する前にと思ってもう一度あのバーに立ち寄った。海に面したバーには斜めの日ざしがあたり、他に客はなかった。ただ、昨日と同じとまり木に、きのうと全く同じ後ろ姿で、あの老人が座っていた。まるで、この過ぎ去った十数時間が存在しなかったように、彼はそのままそこにいた。その情景はふしぎに私の網膜にやきついて、いまでもありありと思い出すことができる。

私たちの脳では、毎日何十万という脳細胞が脱落してゆく。冬の日、三階にある私の事務室の窓の前に立つ樫《かし》の木の葉がいっせいに落ちてゆく。しがみついて数えるほどになった枯れ葉も、ついに凩《こがらし》に吹きとばされると、まるで脳の血管造影をしたように、両手をまるめたような形に枝が露出する。夏の間あんなに憎らしいほど繁っていた葉がなくなると、残酷なまでに荒々しい枝が、すき間だらけの空間をささえている。そこを風が吹き抜けてゆく。ああ、あれが自分の脳みそかと思いながら、その微細な枝の先々まで見つめていると、ふしぎに乾いた心境になってくる。

脳の生理的老化は、防ぐことはできない。しかし、失われてゆくものの中で、本当にエッセンシャルなもののみが残り、もはや花も葉もないが、風が吹きならすヒューヒューという音、笞《むち》のようにしなって、骨組みだけになってしまった脳が、ひょっとすると最後の何かを教えてくれるのかもしれない。そしてその最後の何かというのは、私たちが生涯かかって問い続ける不条理なのかもしれない。そうなってみないとだれにもわかりはしない。

そう思うと、私には「老い」が爽《さわ》やかなものに思えてくる。それが風の吹きぬけろ廃墟であるとしても、ゼンマイのすっかりほどけた仕かけ人形であるにしても、私たちが無に帰するためにはどうしても立ち寄らねばならない海辺の町のように思える。

高齢化社会への生物学者の対応

北イタリアのアレッツォという町の聖フランチェスコ寺院の祭壇には、一風変ったアダムとイヴの絵がある。

十五世紀の大画家、ピエロ・デラ・フランチェスカの傑作、「十字架の奇蹟」の一連の壁画の一枚で、年老いて立つこともできないアダムのうしろに、よぼよぼになった老婆のイヴが佇んでいる場面と、死んだアダムを埋葬するイヴが同時に描かれている。やがてアダムの墓から一本の樫《かし》の木が生え、それがキリストの十字架になるという復活と転生の奇蹟についての、たとえようもない美しいフレスコ画のことは別として、老いさらばえ死を待つばかりのアダムと、長々とたれ下がった乳房を皺だらけの皮膚で包んだイヴは、老いというもののすさまじさをあますところなく示している。それは若さのあまりに禁断の木の実を食べて、青年のアダムと楽園を追放される羞恥に満ちた乙女のイヴとはまさに対照的である。ピエロ・デラ・フランチェスカは、この老いのすさまじさと不条理を、死と転生の主題の最初にすえて、この世で最も美しいフレスコ画をアレッツォに残した。

高齢化社会とか長寿社会と言いかえてみても、私たちは確実に老齢化社会を迎えつつある。これからの老人問題は、国にとってばかりでなく、医学的にも、思想的にも、また人間存在としても、超一級に重要な問題であることは言うまでもない。

老人医療の問題や老人の福祉、生きがいなどについての議論は別にゆずるとして、基礎医学、生物学の立場から「老化」をどう考えるかというのが、大きな難問として提出されているところである。それを考えるためのいくつかのポイントを指摘してみたい。

たしかに、人間は確実に老い、確実に死に向かって歩んでゆく。それはまぎれもない生物学的過程である。それに比べたら、癌も心臓病も偶発事故に過ぎない。それでは、そんなに確実な生物学的「老化」とは何ものであろうか。

このようにあらためて問いかけてみると、老化を規定する生物学というのが、著しくプリミティヴな段階にあることに気付くのである。ある者は個体全体の老化と生きざまを、ある者は臓器、ことに脳神経系の問題として、ある者は培養細胞レベルで、または体液成分の異常を指摘することによって、時にＤＮＡの損傷や修復の問題として、「老化」を断片的に拾いあげようとしている。こうした現象論が、老化を構成している重要な部分を取りあげていることはたしかである。しかし、それが老化の生物学的過程を本当に反映しているかというと、まことに心もとないのが現実である。

私自身、老化を免疫学の観点から解明しようと考えて、いくつかの実験を試みた。その理由のひとつは、免疫系における重要な中枢臓器である胸腺こそ、最も確実に加齢を反映しながら退縮してゆくという事実である。

免疫と老化について調べていってやがて気づいたことは、老化の過程が、他の最も生物学的過程、たとえば発生や分化、成熟などに比して、いかにも非連続的、かつ不規則的なものであるという実感である。それはプログラム通りに進行する過程ではなくて、星が落ちるように、プログラムがひとつひとつ崩壊してゆく過程なのである。ひとつのアンバランスが生ずると、次に別のアンバランスが現われる。アンバランスを包むアンバランス。そして、やがて老化という、むいてもむいても芯が見つからないラッキョウのような老化の構造体が出現する。

現代の分子生物学は、発生という聖域にも足を踏み入れ、生物の生成過程に工学的メスを入れつつある。分化や成熟、それを通して成立した生命体の働きにも生物学は人工的に介入しつつある。しかし、「老化」の生物学は、まだそれにはほど遠いばかりか、老化をどのようなサイズのメスで扱ってよいかさえ判然としないのが現状なのである。

たしかに、老人問題を二十一世紀の社会問題として取りあげることは焦眉の急であるが、それは本当の意味での解決ではない。老化の生物学を育てることこそ、次の世紀の人類の幸福をさぐるもうひとつの重要な道である。

決して不老不死の妙薬などを考えようというのではない。運命的におとずれる老化という不条理な生物学的過程の中心に何があるのか。それはひょっとして見てはならないほど恐ろしい、したがってきわめて前衛的な生物学的現象なのかもしれない。また老化過程のひとつひとつに生物学の光をあて、工学的に介入してゆくことは、これからの基礎医学、生物学にとって最も勇気のある挑戦かもしれないと思うのである。

樫《かし》の葉の声

三四郎の池には、樹齢百年を越える樫の巨木があって、三階にある私の研究室の窓の外に枝を広げている。正しい木の名がわからなかったが、それが飛竜樫《ひりゅうがし》という樫の木の一種であることがあとでわかった。

四月、楕円形に膨らんだ冬芽がはち切れたと思うと、枝々の先端から緑の新芽が迸《ほとばし》り出てくる。窓を開けば、生命が蠢《うごめ》き出すすさまじい声が聞こえてくるような気がする。

十月になると、夏中重々しい木蔭を作り続けてきた樫の葉にも安らぎが見えてくる。一日一日、少しずつ色を失ってゆくが、やがて突然、黄金色の夕陽にきらめき出す。

凩《こがらし》が吹き始めるある朝、その葉はまるでいい合わせたように散り始める。何万という葉がいっせいに空に舞い上がり、地面に帰ってゆく。毎年繰り返されるこの儀式は、しかし何というDNAの豊かな浪費であろうか。

ふと気がつけば、昨日まで枝にしがみついていた最後の木の葉も消え、枝々は繊細な無数の指で灰色の冬空を抱きかかえている。

その網の目のような影を見ていると、医者である私には、脳の血管造影のX線写真を見ているような気がしてくる。私たちの脳でも、毎日何十万という神経細胞が脱《ぬ》け落ちてゆく。それに逆らうことはできない。細胞が消えた、血管の網に包まれた虚空のような脳を考えることは恐ろしい。

しかし、最後まで枝にしがみついて風に吹かれていた脳細胞は、おしまいに何を語りかけるのだろうか。それを思うと、老いというものに対峙してゆく勇気が湧いてくるような気がする。

夏の終り

浜にひときわ強い風が吹いて、土用波が押し寄せる。まだ太陽はギラギラ照りつけているが、海の色は昨日とは変わった。海の家の傷んだ葭簀《よしず》がバタバタと風に吹かれている。海水浴客の数も大分減ったようだ。半ズボンに真っ黒に日焼けした体をあらわにした監視員の青年が、光る沖合を眺めながら、疲れたように椅子に身を沈めている。サングラスに映る太陽も、わずかに陰りを見せ始めた。

「ああ、今年の夏も終ってしまう」と胸を衝かれた少年のあの日。若者の夏はいつも一瞬のうちに過ぎ去った。いろいろな思い出を体に残して、アッという間に夏は行ってしまったものだ。皮のむけた肩や腕に、チクチクした思いが痒さとなって残る。そんな夏を過ごしたのは何十年前のことだろうか。

私は夏が好きだ。年をとってから冬はますます過ごしにくくなった。夏は暑くても何とかしのげる。びっしょり汗をかき、シャワーを浴び浴衣に着替え、夕風を袂《たもと》に入れながらよく冷えたビールを飲む。長いこと生きてきた余禄のようなありがたさを感じる。

そのシャワーの水が、ある日少し冷たく感じられる。濡れた体に吹く風が一瞬ひんやりとする。窓の外の朝顔のつるが風にゆれている。その風の音も変わったようだ。今年の夏も終りか。ドキリとして空を見上げると、雲の形はまだ夏の積乱雲だが、空の色がわずかに深みを増している。

「秋来ぬと目にはさやかに見えねども、風の音にぞ驚かれぬる」と詠んだ平安時代の歌人も、同じように夏を惜しんだのではあるまいか。あの海の家の青年も、かつての若き日の私も、夏が過ぎ去ってしまうのを、心の底から惜しんだ。夏休みにしなければならないことは山ほどあったのに、突然色を変えた海に胸ふたぎうろたえた学生時代のことが、昨日のように思い出される。

人生の夏も終りをつげ、老いを感じるようになった。だから年ごとの夏を惜しむ。こんな夏の終りを、あと何回過ごすことになるのだろうか。

#「何で年寄る」

年をとると、年末が来るたびに一種の息苦しさを感じる。ああ、やっと一年生き延びることができた。でも翌年については、青年のころのような確とした抱負や期待があるわけではない。でも年末は否応なく刻々と近付いて来る。

子供のころは、「もういくつ寝るとお正月」と新年を待ちわびる気持ちがあった。新年は未知の喜びとともにやって来た。なんだか知らないがお目出度かったのである。

それに昔は数え年だったから、お正月には一つ年を取る。年が改まるとともに、子供は少し大きくなった気がしたものだ。

しかし老年になると、年が新たになるのは別に目出度くもない。また一つの区切りが来たというだけである。今年は何かまとまったことを達成しただろうか。あれもこれも未完のままに終ってしまった。そのまま年を越さなければならない。それが息苦しさの原因である。

この秋、カリフォルニア州北部の海岸の町を訪れた。午後海辺に散歩に行った。太平洋から吹き付ける風で海は荒れて灰色だった。砂浜には沢山の流木が流れ着いて、日に曝されていた。白い木が打ち重なって、何かオブジェのようになっているのを私はしばらくぼんやりと眺めた。

日差しは暖かかったが、海岸にほとんど人影はない。風が唸るように吹き過ぎて、白い波が牙をむいて押し寄せていた。私は、なすこともなく時間が過ぎてゆくのを見ていた。一群の鳥が、風に逆らって彼方の雲の中に飛び去った。

その時私の中に、「この秋は何で年寄る雲に鳥」という芭蕉の句が浮かんできた。正確にはどんな意味だったか思い出せなかったが、「何で年寄る」という一句が身にこたえた。

この暮れ私は、「何で年寄る」のだろうか。何か心の温まることでもあるだろうか。大晦日は家でくつろいでいるだろうか。それとも忙しく飛びまわっているのだろうか。芭蕉にこの句を作らせた頼りなさが、海風とともに私の懐に吹き込んだ。

死相

私は死相というものを見たことがある。

ひとつは四十五歳で死んだ私の親友である。突然口のなかに癌を発病して、苦しみながら死んだ。築地の国立がんセンターに入院していたが、だんだん衰弱していった。私はどんなに忙しくても、また雨の日も風の日も、半年の間夕方になると彼を見舞った。命の火は燃えつきようとして燃えつきず、日毎に苦しみは増すばかりだった。私は毎日苦しみに付き合った訳だ。

ある夕暮、彼はちんぷんかんぷんなことを言い出した。頭のいい天才肌の男だったが、突然皿の林が見えると言い出したのだ。皿の林ってなんだ、と聞こうとして私は心の中であっと叫んだ。彼の顔は昨日までの顔と違っていた。それは能面の中将《ちゅうじょう》のような憂愁を帯びた不思議な顔で、鬼気迫るものがあった。

友人は、時を経ずして死んだ。私は、あれが死相というものかと納得した。癌は脳に転移していた。その脳が、歌にあるように皿の林に落ちる夕日を見たのではないかと私は想像した。

もうひとつは私の母が死んだときのことだ。私の母も、再発を繰り返した末期の大腸癌の苦痛に耐えていた。ほとんど昏睡状態になっても、目覚めれば私たちには笑顔で接していたが、ある日それが変わった。何がと聞かれてもわからない。突然何ものかが変容した。私はあっと思った。そこには何年も前に、深い哀惜とともに見送った友人の顔に見た同じ憂愁を帯びた死相が現われていた。私は母に、その日ひそかに別れを告げた。

昨年〔二〇〇一年〕の五月、私は突然脳梗塞に襲われた。死線を彷徨《さまよ》い、この世に戻ってきた。右の片麻痺がひどく右半身の自由を失い、重度の構語障害で声を失って。そのほか高度の嚥下障害でいつも嚥下性肺炎の危険に曝されていた。これではとても生きてゆけまいと思われた。言葉がしゃべれず、利き腕である右手でものが書けない。一時は絶望して死を考えたときもあった。毎日死とともに暮らしたといっても過言ではない。今も事情は変わらない。

でも鏡を見ると、あの懐かしい死相は現われていない。麻痺し痩せ衰えた私の顔は、どう見ても死相とは見えない。まだ生命に満ち溢れている。だから死ぬわけにはいかないし、たぶん死なないだろう。

中也の死者の目

『在りし日の歌』は中原中也が死ぬ三週間前に小林秀雄に託した詩稿を、死後刊行したものである。詩稿には目次や後書きまで付され、最後まで中原が手を入れていたふしがある。

それにしても、「在りし日」とは誰の在りし日なのであろうか。中也自身の在りし日か、それとも前年に死別した愛児、文也の在りし日か、あるいは単に過ぎ去った日のことをさしているのだろうか。諸説あるがわかってはいない。

私は少し違った見方をしている。私はたとえば、能の「定家」の中で、蔦葛《つたかずら》に這《は》い纏《まと》われた墓石の下からこの世を回想する式子内親王が、「ありし雲井の花の袖、昔を今に返《かへ》すなる、其舞《まひ》姫《びめ》の小忌衣《をみごろも》。」と謡う、あの「在りし日」なのではないかと思う。能では、「在りし昔」の事件を死者が今のように語るのは常套手段である。生前の出来事を、現実のこととして懐かしむという、死者の特権を劇にしたのが能であるとさえいっていい。この死者の目が、生きた中原に、すでに芽生えていたのではないかと思うのだ。

だから、小林秀雄の言うような「〝在りし日〟にきっぱり別れを告げる決心……」というのは当たらないと思う。むしろいまという時が、「在りし日」という死者の時間に限りなく同化してゆくのだ。中原は、生きながら死者の目で現実を見据えていたのだ。

ホラホラ、これが僕の骨だ、
生きてゐた時の苦労にみちた
あのけがらはしい肉を破つて、
しらじらと雨に洗はれ、
ヌックと出た、骨の尖《さき》。

に始まる「骨」という詩に、それは端的に現れている。小林はこの詩を「自分の死に顔がわかって了った男の詩」と評している。

そうだ。そう思うと、いくつかの疑問が氷解する。この時期の中原は、もう生きてはいなかったのだ。死んだ愛児とともに、死者の世界に遊んでいたのだ。

あれはとほいい処にあるのだけれど
おれは此処で待つてゐなくてはならない
此処は空気もかすかで蒼く

葱の根のやうに仄かに淡《あわ》い

（「言葉なき歌」抜粋）

のような、白々とした実在感の希薄な世界にいた。そこにはもう、かつての中原が得意とした、生きていることを自嘲した、ラフォルグ風の嘆き節の面影はない。

そんな「とほいい」ところから、中原は語りかける。それは生者にとっては、在りし昔のメルヘンにも似た、透明なエーテルに包まれた原初の記憶にも思える。たとえば、「月夜の浜辺」の一節である。

月夜の晩に、ボタンが一つ
波打際に、落ちてゐた。

に始まるこの詩の心象風景が、中原の心に広がる「在りし昔」だったのだ。

また「夏の夜の博覧会はかなしからずや」（未発表詩篇）ではこう歌っている。

夕空は、紺青の色なりき
燈光は、貝釦《かいボタン》の色なりき

その時よ、坊や見てありぬ
その時よ、めぐる釦を

この中也の悲哀には、児を連れた夫婦の生きた団欒などはない。あるのは死の世界からこの世を眺め返した、中也の蒼白なまなざしである。古びたモノクロの写真のように。その情景は、しかし、たとえようもなく冷たい死の風景へとつながっている。

長門峡に、水は流れてありにけり。
寒い寒い日なりき。

（「冬の長門峡」抜粋）

という文字通りの死の風景である。そこには「在りし日」を見返す力さえ失った中原自身の姿が、重い波に洗われるように点描されているだけだ。

そしてついに、死は彼の全存在を凌駕してしまう。「春日狂想」で、中也は死と一体となる。

喜び過ぎず悲しみ過ぎず、
テムポ正しく、握手をしませう。

つまり、我等に欠けてるものは、
実直なんぞと、心得まして。

ハイ、ではみなさん、ハイ、御一緒に——
テムポ正しく、握手をしませう。

そして中原は、角を曲がって本当に死の世界に行ってしまった。もうこちらを振り返ることもなく。

春は桜の歓喜と憂い

年々歳々花相似《あいに》たり
歳々年々人同じからず
『和漢朗詠集』

この言葉が一番実感をもって思い出されるのは、大学のキャンパス、それも桜の咲く季節ではないだろうか。

どこのキャンパスにも桜の木がある。花の時節になると、初々しい新入生の声が花の下にこだまし、記念写真を撮っている姿が眼に映る。数日前には同じ場所で、誇らしげに新調の背広を着たり、紫の袴《はかま》をはいた卒業生の一団が、三三五五と別れを惜しんでいた。もう彼らの姿を、ここで見かけることはない。

私はこの大学のキャンパスで、二十年近く教鞭をとってきた。十数年前に退職し、今は病のため障害者となって、車椅子を押してもらって、大学の付属病院に通っている。

四月初め、この大学の桜も真っ盛りになる。毎年見慣れた花だ。多少の遅速はあっても、毎年同じところに咲いて、同じ風景を現出する。

その下を通るラグビーの選手まで、去年と同じ横縞のシャツに青いパンツをはいているではないか。でも同一人物であるはずはない。同じように見えるけれど、「人同じからず」である。

私の同僚だった教授は、誰一人としてここで見かけることはなくなった。物故された方もある。定年を迎えた人は、もはや他人のようにキャンパスには姿を見せなくなる。それどころか、若いと思っていた私の最後の弟子たちにまで、「この四月で定年になります」などと挨拶される。

私が教えた学生たちが、今背中で風を切って闊歩している。みんな教授や准教授になっている。目が合うと眩しそうに目をそらすが、私が落第点をつけた学生も教授になっている。そんなときは、ふと顔がほころぶ。

「うれしいよ。おめでとう」と声をかけたくなるが、時の流れの容赦のない速さに、冒頭の『和漢朗詠集』の一節が思い出される。卒業の時は、「別れを惜しんでは、花にも涙を注ぎ」と、旅立ちの日を惜しんだものだ。涙を注いだ花は、今年も「相似たり」と咲き誇っている。会う人のほうは、みなあのころとは「同じからず」である。

この花も間もなく散って、根っこの待つ土に帰る。自然の循環はめまぐるしい。しかし、毎年DNAのプログラムにしたがって、何千万年も同じ生と死の劇を繰り返しているだけだ。

イギリスの詩人、T・S・エリオットは、

四月は最も残酷な月だ。
死んだ土から、
リラの花を生み出したり、
追憶と欲情をかき混ぜたり、春の雨で
鈍重な草の根を奮い立たせるのだ。

と詠《うた》ったが、生と死、希望と絶望、歓喜と苦痛が混交するのはまさにこの月である。

日本でも愛別離苦、会者定離はこの世の習いである。人は花の下で別れ、また出会いを喜ぶ。桜には春の歓喜とともに、いくばくかの憂いがある。だから桜は、感慨深いのだ。

もう梢《こずえ》を払うほどの寒さはないが、初旬までは暖かい日差しと、身を刺すような冷たい風が交錯する。まだ冬は完全には撤退していない。本当の春の登場は遠慮がちに進む。

天気図でも、大陸からの高気圧と南からの低気圧が、一進一退の攻防を重ねる。勢い天気は不安定になる。「男心と春の空」ともいわれるゆえんである。

昨日別れた若い友よ、いつまた会えるか。この不確実な時代に、なんとしても生き延びてほし

い。困難は誰にもある。この四月の気候のように、浮世は平坦ではない。花に嵐のたとえもある
ではないかと声をかけたくなる。

比翼連理

　ある朝、突然妻が私の寝床に入ってきた。そんなことは、もう何年もなかったことで、私はあっけに取られて寝たふりをしていた。彼女はベッドにすばやく滑り込んだかと思うと、すぐにすやすやと安らかな寝息を立てた。私の体に妻の体のぬくもりと、そこはかとない体臭が伝わってきた。妻は朝餉《あさげ》の支度を済ませた後のようだった。

　私は半身不随で、介護用の電動ベッドに寝ている。介護用ベッドは幅が狭い上、両側に手すりが突き立っている。そこに入ってこられると、身動きが出来ない。麻痺のため寝返りが出来ない身なので、着膨れた妻の体に押しつぶされるようにじっとしていた。

　妻は三十分ほど静かに添い寝していたが、眼を覚ますと何事もなかったように、そっとベッドから出て行った。妻のぬくもりが、ベッドにしばらく残っていた。

　その三十分の間に、私はいろいろなことを考えた。若い血気盛んなころのことだ。

　若いころ、私は研究で忙しかった。朝から深夜まで実験のことばかり考えていた。妻を顧《かえり》みる時間はなかった。妻を優しく抱いてやる余裕もない。それが当たり前のことだと思っていた。

私には、妻の寂しさを思いやる気配りもなかった。私は忙しく実験に明け暮れ、成果に一喜一憂していた。うまくいったといっては祝杯を挙げ、実験が失敗すると自棄酒《やけ》を飲んで、深夜まで帰宅しなかった。その上、実験がうまくいかないといって妻につらく当たったこともある。

朝、妻のぬくもりの残った寝床を懐かしむ余裕があったろうか。起きた瞬間から、その日の実験のことばかり考えていた。それは残酷なことだった。

新婚時代、コロラド州のデンバーに留学した。そのころ私の仕事はうまくいっていなかった。限られた留学の期間に、よい業績をいくつも挙げなければならない。それが出来ない。その思いが私に重くのしかかっていた。帰宅は毎日深夜になり、くたびれて妻と会話をする暇もなく、ベッドにもぐりこんで眠ってしまった。

初めての外国暮らしで、話し相手もなく、一日中アパートで待っていた妻に、私は何をしてやったのか。せいぜい週末に、近郊の山にドライブに行くか、友達のパーティに招かれて行くかしか、彼女を慰めることは出来なかった。時には、週末も仕事で家を空けた。たまには、ダウンタウンのバーに飲みに連れて行ったが、妻がそんなところに行きたかったかどうかわからない。

「翠帳紅閨《すいちょうこうけい》に、枕ならぶる床《ゆか》の上……」、突然、昔習った謡曲の文句が口に浮かんだ。能「班女《はんじょ》」の一節である。新婚といっても、外国での貧乏暮らしである。「翠帳紅閨」など思ってもみなかった。

そういえば、コロラドのアパートの窓には、薄い緑色のカーテンがかかっていた。晴れた朝は風に翻っていたのを覚えている。部屋の明かりは全部白熱灯で、寝室には赤いシェードのスタンドがあった。まさしく「翠帳紅閨」である。

あのころは楽しかった。彼女もそれを懐かしんではよく話題にする。そうこうするうちに留学の期限も切れ、日本に帰るころになった。

気がついたら、妻は長男を身ごもっていた。やはりあのころは、翠帳紅閨だったのか。

日本に帰ってまもなく長男が生まれたが、私はいっそう忙しくなった。私は深夜まで研究に没頭し、家のことを顧みる暇はなかった。

長女、次女と、立て続けに子供が生まれた。みんな年子だった。妻は長男の手を引き、長女を抱っこし、次女を背におんぶして、デパートに買い物に行った。彼女が本来の仕事、内科の医者に戻ったのは、末の娘のおむつが取れてからだ。

そういったら、私は彼女に何もしてやらなかったことになるではないか。私は、彼女に楽しい思い出を作ってやらなかったのか。

そうでもないだろう。たとえば外国にいたころ、パーティで記念写真を撮ったことがある。そのときばかりは、風采のあがらない亭主の隣で、一張羅の着物を見せびらかすように、嫣然《えんぜん》とカメラに向かい微笑んだ妻がいた。

そんな写真が何枚かあった。そういえば、外国で学会があったときは、いつも連れて行った。友達には、「洗濯ばあさんを一人連れて行くだけだよ」などと冗談を言っていたが、本当は一緒に行きたかったのだ。

妻は、いつ買ったのか、私に内緒で着物を何枚も買っていた。ことあるたびに私の意見を聞いて、着てゆく着物を選んだ。そして何度も姿見に映しては、帯、帯締めなどとの相性を、うっとりと確かめていた。そのため、私までいっぱしの着物通になった。

私にも盛んに着物を買って、着せたがった。結城の蚊がすり、芭蕉布の夏物、舞台で着る裃《かみしも》、そんな着物が簞笥にいっぱいある。

二人で着物を比べあいながら、選んだものだ。恥ずかしながら、まるで「比翼連理《ひよくれんり》」だと思ったことがある。「天にあらば願わくは比翼の鳥とならん、地にあらば願わくは連理の枝とならん……」、玄宗皇帝が楊貴妃に誓ったという、「長恨歌《ちょうごんか》」の一節である。

それから四十年、私は病を得て、半身不随になった。もちろん着物など着られる状態ではない。妻も介護に訪問着など無用の長物と、多くは古着屋で処分してしまった。私は悲しくなった。

「ああ」と、私は嘆息した。そんな運命だったのかなあ。でも、せっかく比翼連理などといったのだから、死ぬまで一緒にいよう。私は妻のいたベッドのぬくもりを動くほうの左手で探った。

そのとき、「いつまで寝てるんですか。もう八時半ですよ。さっさと起きてください」と、妻の雷が落ちた。こうして私の「翠帳紅閨」、「比翼連理」の夢は破れて「明けにけり」だった。

〈解説〉

リハビリテーション専門家批判を継ぐ

立岩真也

批判の相手はかつて褒め讃えた人であったこと

この巻のⅡに収められた文章は、二〇〇六年、リハビリテーションの上限設定に反対し、その運動の前に立った多田の文章であり、最後の一つ以外は『わたしのリハビリ闘争』(多田［200712］)に収録されている。この本が出されることによって十年ほど前にあったその記録が残ることはよいことだ。

多田が強く批判したのは医療にかける予算を削減しようとする当時の小泉首相、厚労省の役人といった政治に関わる人たちだったが、それだけではない。自分もその一人である研究者、そしてその人たちの学界・業界に批判は向けられた。ここで多田は遠慮していない。はっきりとものを言う。あのようなできごとに対するために、一つに多田のような直接的な怒りは必要だ。私はまったくそう思っている。

その上で、すこし別のことを書く。それが、かっこよい多田は多田で言うべきことは言ってもらって、私のような者の仕事だとも思っている。そしてそれは、多田のようにすっきりした文章にはならない。『現代思想』が多田を特集した号(二〇一〇年七月号、特集：免疫の意味論――多田富雄の仕事)に、たしか私だけその事件と多田との関わりについて、かなり長い文章を書いた(立岩［201007］)。その時、多田についてそしてその出来事に関わるＨＰ上の頁を作り、今回増補した。

それらをまとめて電子書籍で提供することにした（立岩編［201707］）。この文章の二〇倍ほど、薄くはない本一冊分の量がある。できればご覧いただきたい。また、この種の文章で細かに文献表示をしたり文献表をつけたりするのも普通ではないとは思うが、ここでは行なう。さらに月単位の表示も意味のある場合があるので、例えば本書であれば多田［201707］と表記する。

多田はリハビリテーションの専門家を批判した。しかしそれは最初からのことではない。一九九五年、鶴見和子が脳卒中で左半身麻痺になるが、機能が改善せず、苦しく、困っていた。一九九七年一月、鶴見の歌集を読んだという上田敏から速達が来る。上田は一九三二年生まれ、長らくリハビリテーション学界・業界の有力者であってきた。上田が関わりその弟子筋の大川弥生が勤める会田記念病院への入院を勧められ、そこでリハビリテーションを受け、機能は改善された。そのことに鶴見は感謝し、上田の著書に感心もした。『脳卒中で倒れてから』（鶴見［199805］）、『歌集 回生』（鶴見［200106］）でも感謝を記している。『回生を生きる――本当のリハビリテーションに出会って』（鶴見・大川・上田［199805］、鶴見の没後出された増補版が鶴見・上田・大川［200708］）、上田と鶴見の対談の本『患者学のすすめ』（鶴見・上田［200307］［201601］）等で「本当の」リハビリテーションが語られる。こうして救われたことは、多田と鶴見の往復書簡の本『邂逅』でも語られている（多田・鶴見［200307:34-47］）。こうしてこの時、この人たちは感謝し感謝されており、まったく仲よくしている。このことを押さえておく必要があると思う。

多田が脳梗塞で倒れるのは二〇〇一年。リハビリテーションに励むが、二〇〇六年四月の診療報酬改定でリハビリテーションが基本発病後一八〇日までに制限されることが伝えられると、四月八日の『朝日新聞』に「リハビリ中止は死の宣告」を投稿・掲載（多田［200604］）。以後、反対運動の先頭に立つ。

そして鶴見は同年七月に亡くなる。八月刊行の『環』に載った文章（鶴見［200608］）でリハビリテーションを打ち切られたことを嘆き、多田は鶴見の死はその打ち切りによるものだと断ずる（私はその頃、今も続いているウェブサイト（arsvi.com）の運営に関わっていて、その時に出回った集会の案内やアピール等を掲載するぐらいのことはしていた。鶴見の死も聞いた。また今も終わっていない連載で多田たちの活動に言及している（立岩［200510-(17)］、二〇〇七年二号））。

この問題は国会でもとりあげられる。官僚は二〇〇三年七月に設置された「高齢者リハビリテーション研究会」の報告書（高齢者リハビリテーション研究会［200401］、市販もされ、また厚生労働省のＨＰにかつて掲載されていたが、現在はあったはずの場所にない）において専門家たちが日数制限を支持していると答弁した。

その研究会の座長が上田であり、また大川は委員だった。多田たちは、その研究会の議事録には日数制限の話は出てこないことを言い、政府を批判するとともに、にもかかわらずこの研究会（のメンバー）が沈黙していることを批判する。三つ引用する。

「リハビリ打ち切りを黙認した、厚生労働省の無責任な御用団体、「高齢者リハビリテーション研究会」の文書の「はじめに」にも、「リハビリテーションは、単なる機能回復訓練ではなく、心身に障害を持つ人々の全人間的復権を理念として、潜在する能力を最大限に発揮させ、日常生活の活動を高め、家庭や社会への参加を可能にし、その自立を促すものである。したがって、介護を要する状態となった高齢者が、全人間的に復権し、新しい生活を支えることは、リハビリテーションの本来の理念である」とある。厚生労働省が、今度の改定で参考にしたという、「高齢者リハビリテーション研究会」の公式文書である。打ち切りを黙認してしまった現実と、何とかけ離れた主張を、ぬけぬけと書いているものである。」

（多田［200611］→多田［200712:84-85］）

「何よりも、厚労省にリハビリ打ち切りの口実を与えたといわれる、「高齢者リハビリテーション研究会」と称する医学者の責任を問わなければなりません。自分がいってもいないことを根拠にされて、こんな制度が作られたのに、黙ったままなのです。私は実名をあげて告発しようと思います。」

（多田［200704］→石牟礼・多田［200806:108-109］）

「この措置が決められたのは、「高齢者リハビリ研究会」の専門家によって、「効果の明らかでないリハビリが長期間にわたって行われている」という指摘があったからだと言われている。これも真っ赤な嘘であったことが後日わかった。［…］そんな形で都合よく利用されていても、専門家と称する「高齢者リハビリ研究会」のメンバーのリハビリ医は、一言も反対しなかった。腰抜けというほかない。

この「高齢者リハビリ研究会」は、日本のリハビリ医学の先駆者である上田敏氏が座長を務めている。鶴見和子さんに発病一年後からリハビリを実施し、何とか歩行機能を回復させた功績があるのに、一般患者には、半年で打ち切るという案に合意したとは考えられない。またそんな証拠はどこにもなかった。それなのにこの偽の合意が、このように患者を苦しめていることに対し、一言も反対の声を上げないのは、学者として、また医師としての良心に恥じないのだろうか。」（多田［200712:18-19］）

この研究会の他、「日本リハビリテーション病院・施設協会」、「全国回復期リハビリテーション病棟連絡協議会」、「日本リハビリテーション医学会」（上田は一九八六～八七年に会長）、「日本医師会」といった組織、そして幾人かの人の名前があげられる。例えば「こんな事態になっても、日本医師会はずっと押し黙ったままです。腰抜けといわれても仕方ありません。リハビリテーション医学会の学者も、初めは知らんふりでした。私たちが騒ぎ立ててから、やっと昨年の末になって、気のぬけた声明を出しただけです。職責者として、また専門家として、恥ずかしくないのでしょうか。」（多田［200704］→石牟礼・多田［200806:108］）。この後「何よりも」と続き、右の引用の二つめにつながる。それらを紹介していくと量が多く、長くなる。さきに紹介した立岩編［201707］

に収録した。

政府は予算削減を画策し実施してしまったのだが、権限をもっているその政府・官庁に学界・業界が文句を言えないことが批判される。さらに「回復期」のリハビリテーションの収入を得るために「維持期」の予算削減を受け入れているのだといった指摘もなされる（多田［200909］→多田［201005:65-66］）――これは大切なところだがここでは紹介・検討できない。そして「研究会」については、報告書にはよいことが書いてあるのだが、それと反することが会議で言われたとされているのに議事録にはそんな部分は存在しない、であるのに反対していない、それがよくないという言い方になっている。

ただ、その報告書は、研究会の座長であり構成員である上田や大山によってたいへん肯定的に捉えられていて、自らが紹介などしている。会議の議事録には出てこないとしても、報告書を作ったその委員の報告書を紹介する文章には「無駄」についての言及もある。例えば大川は「報告書の内容の全体的印象を述べると、「全人間的復権」という本来のリハビリテーション（以下、リハと略す）の理念の実現に向けて、リハの原点を正面からみすえた画期的な提言と言うことができよう」と賞賛（自賛）する。そしてその同じ文章で「漫然と長期的にリハが行なわれ、「訓練人生」という本来のリハとは逆のものをつくり、また財源の面でもマイナスになっていた」と述べる（大川［200404］）。

つまり、決まった路線が前もってある審議会、それを受けて事実上官庁で作られたような報告書の類はたしかによくあるが、この委員会、この報告書はそうでもない。研究会のメンバーが知らないうちに出た報告書といったものではなかった。むしろ自らの主張が描かれたものとして捉えられ自賛されている。政府答弁において研究会の中で言われたとされることが、議事録にはないとしても、委員の（問題が起こる前の）文章には出てくる。多田たちが批判したそのことを大川（たち）は言っているのだ。

相手はどんなところにいる人たちなのか

だから、かつて鶴見（ら）の賞賛の対象であった人（たち）は、ただ黙っているということではない。一番単純な、必要であり大切であるが、予算を削減したい政治勢力によってそれが後退させられているのに、何も言えない学者・学会が批判されるべきだというだけではない。それをどう見るかである。すこし複雑だ。そしてそのすこし複雑なことを知っておかねばならない、そこから考えねばならないと私は思ってきた。仕方なく必要なのは、多田において展開され、そしてこの社会に受容されているような立派な知ではなく、その対象のあり様につきあわざるをえない、もっとせこい、こすい、分析的な知性だと思ってきた。リハビリテーションを巡り、なおすことを巡って、その専門家とその周囲に起こったことの中のまず知っておくべきことの、その項目だけをあげる。

じつは、リハビリテーションを限定的なものとするべきだという主張は、障害を有する「本人」たちからなされた。つまり、リハビリテーションをさせられてよいことがなかった人たちが、その害から身を護るために、期限を区切った限定的なものとし、そのことによって害を少なくしようとしたのである。それは専門家たちに対する批判としてあり、リハビリテーションを行なう人たちはそこで批判の対象になった。世のほとんどすべての人と同じく多田もそれを知ることはなかっただろう。

そして、上田らは医者だから、それ（「普通の」リハビリテーション）を推進する立場であり続けるのだが、上田は学会の先頭にいて、「世界の新しい動向」を知り、例えば「自立生活運動」、リハビリテーション批判を理解していることを示す立場にいる。といっても、すべての人に寛容であったわけではない。なおすことに「極端に」否定的に思われる人、体制を攪乱するような言葉を言う人は強く非難した。私が『現代思想』での連載で引用したのは——そこには大学闘争（紛争）の受け止め方が関わっているのだが——最首悟に対する批判だった（立岩［200510-(57)］、二〇一〇年八月号、立岩編［201707］に収録）。ただ、そう攻撃的でない人・組織には寛容になる。親の会や作業所の全国組織にも関わり、そうした活動に理解を示す人ということにもなる。「社会モデル」的なもの言いを受け入れ、環境を整える必要、社会をよくする必要もある、狭義のリハビリテーションは全体の一部であることを認める。そしてたしかに狭義のリハビリテーションに限界はある。そのことを認めた方が、狂信的でなくまともである。なおらない人には受け入れてもらうこと（障害受容）を勧めることにもなる。

この人（たち）はこんな立ち位置にいる。二〇〇六年の事件が起こるその前の幸福な時期においては、その人たちやその言論は肯定されてよかったのか。リハビリテーションは「全人的復権」であるという。全人的復権とは「あらかじめ」よいこと、よいに決まっていることである。だから文句は言わないとしよう。そして人間・社会の全体を良くしていくその全体の中で「所謂」リハビリテーションはその一部である。そのことを当の専門家も認めている。しかし例えばこの委員会は、広義の、「全人的復権」のリハビリテーションをリハビリテーションとしそれを論ずる場であるとされ、その中に（狭義の普通の）リハビリテーションをどのように配置するのかを（実質的に狭義の）リハビリテーション業者・学者が設計するという具合になっているのだ。ある部分を他のやり方の方がよいとして手放すのだが、手放しながら全体に関わるというそういう位置どりをしている。

これは単純な間違いではある。二つのリハビリテーションは違うのだから、狭い方の専門家が広い全体を担当する権限はもちろんない。そのことをまず確認しよう。だから、「全人的」とか言ってもらって感心している場合ではないということである。「よいもの」「全体的なもの」に安心するのでなく、このような形而下的な言葉や実践の配置、取り違え、そうしたものに敏感であらざるをえないということである。

そうして冷たく、しかし普通に考えていくと、鶴見がひどい目にあったのも、たんにリハビリテーションを職とする人たちの腕がわるいということであったかもしれないということだ。「しれない」ではなく、鶴見の本を読んでいけば、はっきりとこのことは言える。限定された仕事をきちんとできればよい、のだができない、できるような体制がない。他方で仕事がきちんとできる人、腕の立つ理学療法士等々もいる。このことも多田が述べている通りだ。読み取るのはまずここだ。ただ、このことをきちんと指摘しているのは、私の知る限りは、杉野昭博ぐらいだ（杉野［200706］、立岩［200510-（57）］で紹介、立岩編［201707］に収録）。そして、事実上の特別の権限があることによって、よりよい、しかし本来は「普通の」（普通であるべき）誰に対してもなされるべき技術の提供が、一九九七年一月以降鶴見に対してなされた（だけ）であるという可能性はある。歌集を出して自らの様子を知らせられる人もそうはいないし、それを読んでその人が入れる病院を（事実上有する権限によって）手配できる人もそうはいない。また多田は東京大学の名誉教授であり、附属病院を利用し、その病院の施設・処遇がよくないことを感じ、率直にそれを指摘できる。これもまた、当然誰によろうとなされてよいことだが、実際には難しい。

私はなぜここにこんなことを書いているのか。一つ、多田が闘った相手、闘った状況についてどうしたらよいのか、どんな筋で、どんな道を行くか、私も気になってきた。細切れにされた科学に対して、なにか全体的な認識を対置するといったことがあって、多田もそうした脈絡で評価され、それはけっこうなことだと思いつつ、別のこともしなければと思ってきた。

すくなくとも私が教わること

ではどれだけのことをするのか、それを決めるのは誰か。あるいはどのような場合にどれだけのことをすればよいのか。そう考えていくと、それはより歯切れのわるいものになるだろうか。そうかもしれない。私ははっきりした単純な批判もあってよいと思う。二〇〇六年の多田のような批判がなければならないと思う。ただ、「同時に」、一つひとつを点検していくような仕事が要る。

まず、「現場」に「漫然と」リハビリテーションがなされてきたという認識が存在していたことは事実であり、それを全部否定することはないと私は考える。職業にしている人が、もうこれ以上は不要だと思うことはある。その判断はときに間違えるが、ときには当たっているだろう。するとは無駄な仕事をしていると思える。ならば別のことをしようと思うのにはもっともなところがある。ただ、それを制度として制限するのがよいかは考えどころだ。こう言うと、それはよくない、規則で縛るのはよくないとすぐに返す人がいるだろう。ただ、さきに述べたように、制度として限度を付すべきだと主張した人たちがいたこと、現場に委ねていたらまずいと思った人たちがいたことを知ると、違ってもくるだろう。制限を主張した人たちは、供給する側が自らの収入・利益のために不要なことを行ない続けることを懸念したのでもある。とするとそんなことにならないように、しかし限度を付すのが乱暴なら、そこにどんな仕組みを足すのか何かを減らすのかと検討していくことになる。

そしてリハビリテーションが「時間つぶし」のために使われているとして、「もっとましな時間つぶし」を提供できないかという問いはある。さらに、仮に時間つぶしであったとして、それはどれほどよくないかという問いも成立する。

「自己決定」が（なにより）大切だと、上田（たち）は、何十年も言ってきたはずだ。しかし、その同じ人（たち）が、（本人が望んでも）無駄なものはあると言い、言うだけでなく、実際それを制約することに疑問を抱いているようでもないのだ。このようなことにまずはきちんと驚かねばならないと思う。それは二〇〇六年の事件において露見したことではない。自己決定が大切だが、例外はいろいろある、といった話になっていて、その「幅」の中で、実質的にどこまでを認めどこからを認めないかを差配できてしまう。狭義のリハビリテーションだけをしていた時に比して、かえってその差配の力が強まっている可能性もある。さきに述べたのはそのことだ。

しかも、こうした現実に対置すべきは、二つあるなら一つをとる、例えば自己決定一本で行くということでは「ない」ということが、厄介でしかし大切だ。本人が言うとおりでいつもよいと考えるか。私はそうは考えない。こういうはっきりしないところを、しかしはっきり考えていく必要がある。

人の多くは、また一人の人の大きな部分は「よくなる」ことを求めていて、それは多田の本を読んでもまったくもっともなことだと思う。よくなりたいとまっすぐに言われると、医療はいらないと応える人はそういはいない。では何がどのように要るのか。そういうことを考えるのが社会科学、規範理論の仕事だと私は思う。ただ、例えば医療社会学と呼ばれるものが「医療化」「病院化」を批判だけしているのであるとすれば、それはあまり使えない。「障害学」も「社会モデル」の受け取りようによっては使えないかもしれない。だから、ただ哲学的であったり免疫学的であったりする知に社会科学的な知を対置すればよいということでもない。

その時、多田の文章はべつように読める。例えば痰を出せないとかそんなことの辛さ、苦しさが伝わってくる。多くの人がそんな経験をしているが、なかなか文字にするのは難しい。比べて多田の文章はよく書けているように思う。その記述は貴重なものだと思う。そしてその辛さはなんとかした方がよいし、そしてできなくはないだろうと思う。そして実際できなくはない。

他方、これは多田を取材したテレビ番組（ＮＨＫスペシャル「脳梗塞からの〝再生〟――免疫学者・多田富雄の闘い」、二〇〇五年十二月四日放映）を見たときも思ったことだが、発話への執着はすこしわかりにくいところがあるように思える。多田はＰＣを覚え、トーキングエイドを使うようになった。言語療法士のもとで訓練するのだが、声を出せるようになるのはかなり難しそうだ。他人ごとながら、そこにそれまで熱心になるのなら、別のことをやったらどうかと思った。しかし多田はそれを望んでいる。ならばどうぞ、ではないか。私も、無駄であっても、そして実際にほぼ無駄に終わったのではあるが、それでよいと思う。ただ、よいと言った上で、それまで十分にいろいろなことができてしまってきた人に、そこはそうがんばらなくてよいのではないかと言うことはできるだろうと思った。

それより何に感心したかといえば、そのテレビ番組にその場面があるのだが、彼がウイスキーにとろみ剤でとろみをつけて飲んでいるその姿にだった。その時のことは番組を作ったＮＨＫのプロデューサーが著書に書いている。多田も「受け」を考え取材に応じ、この場面が撮られるかと妻に懸命に交渉し、いつもは高くて飲めないバランタインの三〇年ものを獲得したのだと言う（上田［201007:143-146］）。

私たちの「生存学創生拠点」（いまは「生存学研究センター」と言っている）がかつて、二〇〇七年に文部科学省のＣＯＥ（卓越した（研究）拠点！）に応募した時、多田にその代表者になってもらおうという話があったことは立岩［201007］に書いた。それは一つに多田がもうしぶんなく立派で著名な学者であったからだが（後に立派で著名でなくともよいということがわかり、内部調達ということになって私が代表になった）、もう一つは、とろっとしたウィスキーを飲んでいるのがよかった、みなに評判がよかったからだった。

こうして多田の書いたものを読んでいくと、私たちは身体をなおしたり、別の手段を使ったり、何もしなかったりすることをどのように配置し、誰からどんな力を借り、どんな金をどのように使って生きていくかについて示唆を得ることができる。

その「リアル」を読んでいくと、その多田が過去に書いてきた生死・死生についての文章はどう見えるか。多田は、倒れる前から、生死・死生についていろいろと語ったり書いたりしている。私は二〇一〇年の原稿を書く時に多田の山折哲雄や柳沢桂子との対談の本などを読んだ。多田は博識であって、専門分野に近いところでは「アポトーシス」の話などされると、なるほどそういうことかと思う。また、能に詳しく自らも作品を作ってしまう多田は、古いギリシアの詩の翻訳などをしてしまう中井久夫などとともに、もう私たちは絶対無理、な感じのする正しい文化人でもあって、その方面でも様々に書いていて、やはり感心することがある。ただまず、細胞はその死に向かうようにできているといった話があって、そしてそれは本当であるとして、その事実、その知が私たちが死ぬまで生きていることに何かをもたらすと思うのはなにか倒錯したことではないかと――これは多田のものを読んだ時に限らず思うことなのだが――思った。そして、結局、それらは、わりあい普通に考えつきそうなこと、考えつき言われてきたことを言っていると私は思った。人間は話す存在だから人である、から話そうとするのだと、人は歩行する存在である、から歩行しようとするのだといった類の話も、多田はわりあいたくさん書いている。「である」は普通は「べき」を導出しないのだが、自然科学的な「真理」がときにそのように使われてしまうことがあって、そのことには注意した方がよかろうとも思った――この話は立岩［2010007］でもう少し長くしている。そして、このこととは別に、そして多田の教養と関係なく、普通の話だなと思った。

ただその意外に普通な感じは、本人が倒れてから少し変わっていったようにも思う。教養ある立派な人であるから、あるいはそのことと関係なく、淡白で潔くもあったのが、生に執着するようになったように思う。われながらそうだと多田自身が書いてもいる。

そのこと自体はよくもわるくもないことだ。ただ、どちらを実際のこととして信用するかとなると、私は半身不随がどういうことであるか、痰のつまりがどういうことであるか、それを書いていく多田を信用する。

文献

石牟礼道子・多田富雄 200806『言魂』藤原書店

高齢者リハビリテーション研究会 200401『高齢者リハビリテーションのあるべき方向——高齢者リハビリテーション研究会報告書』社会保険研究所

大川弥生 200404「高齢者リハビリテーション研究会報告を読む」『週刊医学界新聞』2581

杉野昭博 200706『障害学——理論形成と射程』東京大学出版会

多田富雄 200604「リハビリ中止は死の宣告」『朝日新聞』2006-4-8→多田[200712:43-46]、多田[201707:121-123]

—— 200611「患者から見たリハビリテーション医学の理念」『現代思想』34-14(2006-11)(特集:リハビリテーション)→多田[200712:82-100]、多田[201605:227-240]

—— 200611b「老人が生き延びる覚悟——往復書簡・第三信」『環』27→石牟礼・多田[200806:42-58]

—— 200704「ユタの目と第三の目——往復書簡・第五信」『環』29→石牟礼・多田[200806:95-114]

—— 200707『寡黙なる巨人』集英社

―― 200712 『わたしのリハビリ闘争――最弱者の生存権は守られたか』青土社
―― 200909 「疑念を招く李下の冠――落葉隻語・15」『読売新聞』2009-3-3 夕刊→多田 [201005:63-66]
―― 201005 『落葉隻語　ことばのかたみ』青土社
―― 201605 『多田富雄のコスモロジー――科学と詩学の統合をめざして』藤原書店（編集：藤原書店編集部）
―― 201707 『多田富雄コレクション3　人間の復権――リハビリと医療』、藤原書店（本書、編集：藤原書店編集部）
多田富雄・鶴見和子 200306 『邂逅』藤原書店
立岩真也 200510- 連載、『現代思想』33-11（2005-10）:8-19 ～
―― 201007 「留保し引き継ぐ――多田富雄の二〇〇六年から」『現代思想』38-9（2010-7）:196-212→立岩編 [201707]
立岩真也編 201707 『リハビリテーション／批判――多田富雄／上田敏／他』Kyoto Books
鶴見和子 199805 『脳卒中で倒れてから――よく生きよく死ぬために』婦人生活社
―― 200106 『歌集 回生』藤原書店
―― 200608 「老人リハビリテーションの意味」『環』26→鶴見 [200701:169-171]
―― 200701 『遺言――斃れてのち元まる』藤原書店
鶴見和子・大川弥生・上田敏 199805 『回生を生きる――本当のリハビリテーションに出会って』三輪書店
―― 200708 『回生を生きる――本当のリハビリテーションに出会って　増補版』三輪書店
鶴見和子・上田敏 200307 『患者学のすすめ――〝内発的〟リハビリテーション　鶴見和子・対話ま

んだら上田敏の巻』藤原書店
―― 201601『患者学のすすめ〈新版〉――〝人間らしく生きる権利〟を回復する新しいリハビリテーション』藤原書店
上田真理子 201007『脳梗塞からの〝再生〟――免疫学者・多田富雄の闘い』文藝春秋

たていわ・しんや　一九六〇年生まれ。東京大学大学院社会学研究科退学。社会学。立命館大学先端総合学術研究科教授。主な著作に『私的所有論』(勁草書房、一九九七年、第二版:生活書院、二〇一三年、英語版:*On Private Property*, Kyoto Books, 2016)『造反有理――精神医療現代史へ』(二〇一三年)『精神病院体制の終わり――認知症の時代に』(共に青土社、二〇一五年) ほか。

〈解説〉

老人よ、生きる希望を持て、そして忿怒佛のごとく怒れ

六車由実

「多田富雄」との三度目の出会い

私が「多田富雄」と初めて出会ったのは、二〇〇五年のことである。当時私は、山形にある大学で民俗学の教員をしていた。拙著『神、人を喰う』(新曜社)でサントリー学芸賞を受賞して後、学内の仕事に加えて、外部からの原稿執筆や講演の依頼も格段に増えたこともあって、ほとんど休みのとれない多忙な日々をおくっていた。毎日がなんとなく虚しく過ぎていた、そんなある夜、疲れた頭でぼんやりと眺めていたテレビの画面に、脳梗塞の後遺症で右半身の自由を奪われ、言葉も失った免疫学者が、必死にリハビリを続けている様子が映し出されたのだった。それが、多田富雄だった。そこに映し出された多田は、体をねじらせ、いかにも苦しそうだった。にもかかわらず、科学者として冷静に自分の病に向き合い、生きることの望みを決して捨てず、全身全霊のエネルギーを振り絞ってリハビリに励んでいた。その気迫に満ちた壮絶な姿は、私の胸に強烈に刻まれた。そして、我が身を振り返り、何不自由なく暮らしながらも、死への憧憬に囚われ生への執着を失いかけていた自分を心から恥じたのを覚えている。

それから二年、共同通信社から多田の著書『能の見える風景』(藤原書店)の新聞書評の依頼を受けた。多忙のあまり多田の著書をまだほとんど読めていなかったが、それでもテレビの中の多田の印象がまだ強烈に残っていたこともあって、私は書評執筆を引き受けたいと思った。それが、私の「多田富雄」との二度目の出会いである。多田は、病を得た後も、能楽堂へと通い、新作能も発表するなど精力的な活動を続けていた。能の上演についての批評を中心にまとめられたこの随想集で、多田は長年親しんできた能に対する深い愛情と、そしてそれゆえの厳しいまなざしで、能の現代的な可能性とは何かを問うていたのだった。多田は、言っていた。お能とは異界からの使者たちが現れる場であり、科学が支配する時代に生きる現代人が能楽堂に集まるのも、科学を超えたものの存在を心の片隅で信じ、どこかで救われようとして、その現れを求めているからだ。そうした能のもつ潜在的な可能性を能舞台にどう引き出せるか、それが能が現代に生き残る唯一の道だ、と。能によって絶望から救われたという多田からの、若い能楽師たちへの心からのエールであった。

「多田富雄」に、私は二度とも、生きる気迫に満ちた存在として出会っていた。今から思えば、自らの矮小なキャパシティを疾うに超えた量の仕事に溺れかかっていた当時の私には、「多田富雄」がただただ圧倒的に力強く、弱い自分とは違った遠い存在の巨人のごとく思えていたように思う。だから、多田の「生きる気迫」「生への執念」の根源を、私は、「逆境にも負けない多田自身の持つ強さ」、といった以上には考えようとする余裕さえなかったように思う。

そして、今回、『多田富雄コレクション』の刊行にあたって、藤原書店から本巻の解説の執筆を依頼された。多田の存在が余りにも大きくて、新聞書評以降、私は多田の著書からずっと遠ざかっていた。そんな私が、「多田富雄」の解説など書けるはずはない、と躊躇したものの、でもどこかで、この「多田富雄」との三度目の出会いに「運命」のようなものも感じていたのも確かだった。二度目の出会いから、私自身の身を置く環境も大きく変化していたからだ。

新聞書評の翌年、私は大学を辞め、挫折感と失意を抱えながら、実家のある沼津に戻ってきた。そして半年後、地元の老人ホームで介護の仕事に就いたのである。それまで介護に関心を持ったこともなかった私だが、偶然出会ったこの仕事に実際に就いてみると、巷で言われているような過酷さよりも、むしろ様々な人が集まり、人生が凝縮されたようなこの場所に関わることの奥深さや面白さを感じたのだった。

確かに重労働ではある。そして、そこに集う老人たちは何かしらの病を負っている身であり、生活において様々な不自由さを抱えている。そして自らの置かれた状況に落胆し、今を生きることを恥じていた。だが一方で、民俗学者としての習性で私が聞き書きを始めると、老人たちは驚くほど目を輝かせて、自らの経験や人生について語りだした。そして、自分の「小説」を書いてほしい、という夢を私に託したりする。ただし、だからといって、決して生への絶望が消えたわけではない。絶望と希望とに揺れ動きながら、それでもみんな必死で生きているようだった。そこには、私がかつて感じていた死への憧憬のようなふわふわとしたものではなく、生と死とが不可分のものとして密着していて、ずしんと感じる重さがあった。

私自身はと言えば、それまでも民俗学者として民俗事象についての聞き書きはしてきたが、人の人生に正面から向き合ってはこなかったのかもしれない。だからこそ、介護現場で老人たちの語るそれぞれの人生の記憶は、私をいちいち驚かせた。そして、高度経済成長後に生まれ育った私には到底想像できないような、過酷で貧しく辛い経験をしながらも、そして今なお老いと病を背負いたくさんの不自由さを抱えながらも、それでも今を生きているこの老人たちがみな愛おしく感じられ、今ここで共に生きられることがこの上ない喜びのようにも思えたのである。少し大げさに言えば、老人たちとともに生きることを選んだことで、私の生も救われた、ように今は感じている。

長々と書いてしまったが、今回、藤原書店に本書の解説を依頼されて、躊躇しながらも、ある種の「運命」を感じ、今だからこそ再び「多田富雄」と向き合ってみたいと思ったのは、このように私自身が介護現場で共に生きる老人たちの存在があるからである。人が老いて、病や不自由さを背負い、人生に絶望し、死に恐怖したとしても、それでもなお希望を持って最期まで生き続けるには、どうしたらいいのか。絶望と希望との狭間で生きるとはどういうことなのか。介護現場で老人たちの生と死に向き合いながら、私は常にその問いへの答えを探している。

以前にテレビ画面の中で、そして能について語る著書の中で出会った多田が、なぜあんなに生きる気迫に満ちていたのか、あるいは生きる希望を多田はどこに見出していたのかを、本書の解説執筆によって再び考えてみることで、今の私にとって大切なこの問いに、少しはヒントが見出せるのではないか、と思ったのである。

自らの身体との静かで熱い対話

本巻の中の「寡黙なる巨人」には、脳梗塞発症時からの一年間の状況が記録されている。そこには、多田の過酷な病状が詳細に書かれている。金沢への旅行中に発作が起き、病室で目覚めた時には、右上下肢が麻痺して動かない。しかも、仮性球麻痺による構音障害で、言葉を理解することはできても、自らが言葉を発することができなくなっていた。したがって、痛みを訴えることも、こうしてほしいと意思を伝えることもできない。多田は沈黙の世界に閉じ込められてしまった。更に、嚥下障害も加わり、どんなに喉が渇いても一滴の水も飲めない。そればかりか、吸引してもらわなければ、自分の唾や痰に溺れてしまうという地獄のような苦しみを味わっていたのである。

しかし、こんな地獄のような日々をおくり、何度も死の誘惑にかられながらも、多田はやはり「生きる気迫」を体中にみなぎらせていた。「寡黙なる巨人」の冒頭に、多田はこう記している。

あの日を境にしてすべてが変わってしまった。私の人生も、生きる目的も、喜びも、悲しみも、みんなその前とは違ってしまった。
でも私は生きている。以前とは別の世界に。半身不随になって、人の情けを受けながら、重い車椅子に体を任せて。言葉を失い、食べるのも水を飲むのもままならず、沈黙の世界にじっと眼を見開いて、生きている。それも、昔より生きていることに実感を持って、確かな手ごたえをもって生きているのだ。

一時は死を覚悟していたのに、今私を覆っているのは、確実な生の感覚である。自信はないが私は生き続ける。なぜ？　それは生きてしまったから、助かったからには、としかいいようはない。

その中で私は生きる理由を見出そうとしている。もっとよく生きることを考えている。

（「寡黙なる巨人」一八―一九頁）

「確実な生の感覚」があるといい、「私は生き続ける」と決意を述べる。また、別の箇所では、「つらいリハビリに汗を流し、痛む関節に歯を食いしばりながら、私はそれを楽しんでいる。失望を繰り返しながらも、体に徐々に充ちてくる生命の力をいとおしんで、毎日の訓練を楽しんでいる」（「回復する生命――その2」一〇三頁）とも言っている。

こんな過酷な状況に陥って人生に絶望しながらも、それでも生きたいと強く思い、もっとよく生きることを考える。なぜ多田は、死の淵の向こう側に、生きる希望を見出せたのか。この問いにここで再び向き合いながら本巻を読み直してみる。すると、多田が自分の身体について、実に冷静に自己分析をしているのがわかる。

たとえば、「食べること」について。嚥下障害のある多田は、言語聴覚士による指導と訓練によって、ミキサー食であれば少しは口にできるようになっていく。しかし、常に誤嚥の危険と隣り合わせで、食後は痰と咳に悩まされる。多田は、解剖の本を開いて、飲み込むために必要な筋肉と神経とを調べ、これまで無意識にしていた食べるという行為に関わる筋肉や神経の動きをひとつひとつ分節化して分析してみる。そして、人間のもつ身体の神秘に気づき素直に驚くのである。

摂食というあまりにありふれた行動が、これほど複雑な神経支配と沢山の筋肉の共同作業で行われていることの発見は、生命の神秘にさえ見えた。

同時に、こんなところまで壊れてしまったとは、機械としての人間がもう用をなさなくなったと絶望した。(中略) 生命活動はこうして統合されて一つの行動になる。大変なことだ。

(「寡黙なる巨人」六四頁)

自分の置かれた絶望的な状況に対しても、文献を読んで理解しようとする冷静な探究心はいかにも科学者らしい。だが、ここで私が注目したいのは、多田が不自由となった自分の身体を分析対象(他者)とみなすこのまなざしそのものである。多田は免疫学者として「人間の身体の構造」を分析してきたし、能の愛好家であり作者としても「人の身体の動き」に只ならぬ関心を持ってきたはずだ。だが、「自らの身体そのもの」に真正面から向き合い、本格的に分析し表現したのは、初めてだったのではないだろうか。

多田は「食べること」以外にも、「喋ること」、「麻痺した体の重さ」、「歩くこと」、「リハビリすること」など、自らのままならない身体を客体視し、次々と分析して、その仕組みを理解し、今の状況を受け入れていく。そして、発症からの一年間の出来事を綴った「寡黙なる巨人」の最後をこう結ぶ。


朝起きて初めて背筋を伸ばすとき、そして杖に持ち替えて体をゆっくりと立ち上がらせるとき、そしておぼつかない一歩を踏み出すとき、私は新しい人間が私の中に生まれつつあるのを感じている。のろまで醜い巨人だけれど、彼は確かにこの世に生を受けた。

（中略）私は私の中に生まれたこの巨人と、今後一生つき合い続け、対話し、互いに育てあうほかはない。私は自分の中の他者に、こうつぶやく。何をやっても思い通りには動かない鈍重な巨人、言葉もしゃべれないでいつも片隅に孤独にいる寡黙な巨人、さあ君と一緒に生きてゆこう。これから娑婆ではどんな困難が待っているかわからない。でも、どんな運命も一緒に耐えてゆこう。私たちは一人にして二人、分割不可能な結合双生児なのだから。そして君と一緒にこれから経験する世界は、二人にとって好奇心に満ちた冒険の世界なのだと。

（「寡黙なる巨人」九四―九五頁）

多田は、不自由な身体を、自らの中に生まれた「鈍重で寡黙な巨人」と一種の皮肉と愛情を込めて表現するようになっている。そして、「これらから新たな世界を共に歩んでいこう」と熱く語りかけている。つまり、不自由な自分の身体をいったん自分自身から切り離し、他者として分析＝対話することによって、不幸で不便にしか思えなかった身体が、愚鈍で醜くはあるが愛おしい対象＝巨人として受け入れられるようになっていったのではないか。それによって、救いようのない絶望から少しだけ解放され、「二人にとって好奇心に満ちた冒険の世界」といった具合に、不自由な身体＝巨人と共にこれからを生きることそのものに喜びと希望を見出しているのだ。

したがって、「多田富雄」に私が感じていた「生きる気迫」は、多田がもともと性質として持っている逆境に負けない強さというより、むしろ、病を得て絶望し、そして身体との対話によって、不自由さとの折り合いをつけていくプロセスの中で、多田が獲得した生きるためのスタンスだったと言っていいのかもしれない。

老人が自らの不自由な身体について語る場

もちろん、このような自分の身体を研究対象のごとく詳細に分析することができたのは、多田が科学者としての目を持っていたからだと言えなくもない。だが、不自由な身体を他者として分析したり、対話したりすることで生きる希望を見出した多田のこの在り方は、病や障害ゆえの不自由さを抱えている人たちが、希望をもって生きていくためのひとつの可能性として考えることもできるのではないかと私は思うのである。

たとえば、北海道浦河市の「べてるの家」の活動（『べてるの家の「当事者研究」』医学書院）や、熊谷晋一郎や綾屋紗月の研究（『発達障害当事者研究』医学書院）などで知られているように、精神障害や発達障害の分野では、障害とともに生きるためのアプローチとして「当事者研究」が行われている。「当事者研究」は、本人を苦しめ、社会の中で生きにくくしている幻覚や幻聴、あるいは感覚障害などの症状を、本人自身がいったん自分の身体から切り離し、研究対象として分析し、表現することで、そこに新たな意味を発見し、障害と共にありながらも少しは生きやすくなる術を考えていこうとする試みである。まさに、多田の「寡黙なる巨人」と共通するものだと言えるだろう。

ただここで注目したいのは、科学者でも研究者でもない人たちが、当事者研究と称して自分の身体や障害を敢えて研究、分析してみている、ということだ。しかも、それを仲間たちと共有し、みんなでワイワイと議論してみる。それが、本人を苦しみから少しだけ解放していく。そんな当事者研究が、障害者の世界で広がり始めているのである。

では、介護を受ける立場にある老人たちはどうか。「当事者研究」といえるものはまだないし、ましてや、多田のように、自分の不自由な身体について科学的に分析することはなかなか難しい。けれど、私の運営しているデイサービスでは、聞き書きという試みに触発されて、老人たちが自分の病や障害についても積極的に語り始めている。例えば、中途失明の男性は、失明することがどんなに絶望的なことだったのかとか、視覚障害があることで何が不便で不自由なのかといったことを詳細に語ってくれる。また、先日は、レビー小体型認知症の女性が、ずっと煩わされていた幻覚について、みんなの前で初めて語ってくれた。そうした語りを他の利用者もスタッフも聞いて、問題を共有してくれるだけで、彼らは少し救われているようである。

老いや病により不自由となった自らの身体についてみんなの前で語る、ということは、多田の「寡黙なる巨人」や「当事者研究」でされている、自らの身体をいったん他者として自分から切り離し、分析して、表現してみるということの第一歩であるように思う。多田のように、一人孤独に自らの身体に向き合うのは難しいかもしれない。でも、同じように老いと病を負った者たち同士やあるいは世代の違う者たちがそこに加わり、自らの身体とその不自由さを語り合い、分析し合う場が老人介護の場にもあれば、老人たちは、多田富雄のように、不自由さや死の恐怖を当事者として受け止めながら、最期までの時間を、もっと希望と気迫をもって生きられるのではないか、と思う。

「忿怒佛のごとく怒れ！」というメッセージ

では、老人たちは、仲間と共に励まし合って希望を持って生きればいいのか。そうではなく、財政抑制のために自分たちの生を脅かすかのような政府の政策に対して、自らの正当な権利を守るために、そして弱者を排除するような社会を作らないために声を挙げていくことが、本当の意味で希望を持って生きることでもあるし、当事者である老人たちが行わなければならない責務だ、とも多田は言っているように思う。第Ⅱ部に収められた多田の文章から私が受け取ったメッセージである。

二〇〇六年四月一日から診療報酬改定により慢性期リハビリテーションが打ち切られたことに対し、多田は、命がけで抗議活動を行っているのである。

その改定はどういうものだったか。長期間の高齢者リハビリテーションは効果が認められない場合が多い、という共通認識のもとで、慢性期において医療保険で受けられるリハビリ日数について、脳血管疾患、心大血管疾患、運動器、呼吸器といった四つの疾患別に上限が設けられるようになったのである。多田の患う脳血管疾患は上限一八〇日までと制限された。

多田は、この時期、前立腺癌の再発によって病状は悪化していたが、不自由な体を酷使して、命がけで新聞や雑誌に抗議の論文を書いて、「非人間的なリハビリ打ち切りだ」として訴え続けた。多田にとって、リハビリとは、たとえ体は回復しないとしても、生命力を回復させ、人間の尊厳を回復させるものであり、生き続けるために欠かせない活動であったのである（「回復する生命――その2」一〇二頁）。

そして、更に多田はこう訴える。

障害を負った患者の人権を無視した今回の改定によって、何人の患者が社会から脱落し、尊厳を失い、命を落とすことになるか。そして一番弱い障害者に「死ね」と言わんばかりの制度を作る国が、どうして福祉国家といえるのであろうか。（中略）

だからこの問題は、リハビリ医療だけの問題ではない。こんな人権を無視した制度が堂々とまかり通る社会は、知らず知らずに戦争に突き進んでしまう社会になる。

（「リハビリ制限は、平和な社会の否定である」一五三―一五四頁）

多田は「リハビリ診療報酬を考える会」を起ち上げて、署名運動を行い、同年六月三〇日に四八万筆を超える反対署名を厚労省に提出する。そして、その成果として翌年の四月には異例の再改定が行われることになる。ただし、再改定でも日数制限そのものは廃止されることはなく、しかも「財政中立」を理由に日数の増えそうなリハビリは診療報酬を低く設定するなどの欺瞞的なものであった。

リハビリ打ち切りをめぐる多田の一連の抗議活動は大きな潮流となりながらも、結果的には弱者を排斥することにつながるリハビリ医療の縮小に歯止めをかけることはできなかった。それでも、この抗議活動をまとめた著書の中で、多田はこう断言する。

このような絶望的闘いであったが、私は負けたとは思っていない。私の蒔いた種は、人々の胸に育っている。それは弱者にも人権を主張する力があるという思想である。たとえ力のないマイノリティーの主張であっても、言葉の力は世界を動かす。

（『わたしのリハビリ闘争』所収「はじめに　総括、弱者の人権」三七頁）

多田は、この抗議活動の間に、「君は忿怒佛のように」という詩を書いた（一一七頁）。

君は忿怒佛のように
今こそ
怒らねばならぬ……

私はこの多田のリハビリ打ち切りをめぐる戦いと、「君は、怒らなければならぬ」というメッセージを、私自身と私が介護現場で共に生きる老人たちとに投げかけられた課題として受け止めている。

多田が憂いたように、国の政策は、今、医療保険ばかりでなく、介護保険制度も、まさに弱者を切り捨てていく方向に突き進んでいるのである。というのも、成長戦略を検討する政府の未来投資会議において、介護保険に「自立支援介護」という枠組みを設け、重度の要介護者を減らし、介護給付費の抑制につなげたいという主旨の提案がなされているのだ。更には、二〇一八年度の介護報酬改定に合わせ、高齢者の要介護度を下げた事業所へ報酬を与え、一方で積極的でない事業者に対しては報酬を引き下げるといった措置の導入も検討されているのである。

このように「自立支援介護」による要介護度の改善がアメとムチによって推し進められれば、要介護状態の改善が見込めない重度者への支援が行き届かなくなったり、事業所が敬遠するために行き場を失ったりしてしまう可能性があることは言うまでもない。だが、問題はそればかりではない。初めから財政抑制を目的としている議論には、そもそも老人の自立とは何か、老人が自立するための支援とは何か、という根本的な問いが欠けているのである。

私が介護の現場で向き合う老人たちは、老いと病を背負い、みな死に向かって下降しながら生きている。それは不可逆的なものであり、たとえリハビリなどによって一時的に身体機能の状態が改善されたとしても、その下降するベクトルは決して変わることはないのである。だが、そういった老人たちも、その状態に応じた必要な支援があれば、地域の中で暮らし続けたり、自由に外出したり、社会とのつながりを持って生きることができる。敢えて「自立」という言葉を使うのであれば、老人の「自立」とは、そうやって、最期まで自分らしく生きることであり、老人の「自立支援」とは、その実現を過不足なく支える支援のことだと考えるべきだと私は思っている。多田が、リハビリは身体機能の回復ではなく、生命力の回復であり、人間の尊厳の回復である、と主張したのとまさに同じで、介護保険による支援は、老人が尊厳を持って生きるために必要不可欠なものであり、もっと言えば、介護保険の被保険者である老人たちは、自分らしい生活をするために、必要な支援を受ける「権利」があるのである。

ところが、今国全体が向かおうとしているのは、いかに要介護度を改善させ、介護保険を「卒業」させるか、という方向である。もうすでにそうした方針の犠牲者は出ている。一時的に身体機能のレベルが回復したことで要介護度が軽く認定されてしまったことにより、それまで受けていた支援が受けられなくなり、あっという間に身体機能も生きる意欲も低下し、寝たきりの状態になってしまう老人も少なくないのである。

では、介護を受ける老人たちは、そうした老人の人権を無視した政策に泣き寝入りするしかないのか。多田だったら、今の事態に対して何を言うだろう。もちろん黙ってはいないに違いない。けれど、きっとそれ以上にこう力強く訴えるのではないか。

「老人よ、忿怒佛のごとく怒れ！」と。「老人にも人権を主張する力がある。君たちの言葉の力は世界を動かすことができる」と。

私も、介護現場で老人たちと共に生きる人間として、怒れる当事者の老人たちと一緒に、声を太くして、社会に訴えていかなければならない。人が老いても最期まで尊厳と希望を持って生きられる社会であるように、と。三度目の「多田富雄」との運命的な出会いによって、彼が蒔いた種を私もこの胸に受け取ったのだから。

むぐるま・ゆみ　一九七〇年生まれ。大阪大学大学院文学研究科修了。博士（文学）。民俗学者、社会福祉士、介護福祉士。東北芸術工科大学准教授を経て、現在、デイサービス「すまいるほーむ」管理者・生活相談員。主な著作に、『神、人を喰う——人身御供の民俗学』（新曜社、サントリー学芸賞）『驚きの介護民俗学』（医学書院、日本医学ジャーナリスト協会賞大賞）『介護民俗学へようこそ！——「すまいるほーむ」の物語』（新潮社）ほか。

初出一覧

Ⅰ　寡黙なる巨人

〈詩〉新しい赦しの国　二〇〇二年六月頃執筆　〔『多田富雄詩集　寛容』藤原書店、二〇一一年〕
小謡　歩み　『観世』檜書店、二〇〇五年一月号　〔『多田富雄 新作能全集』藤原書店、二〇一二年〕
寡黙なる巨人　『寡黙なる巨人』集英社、二〇〇七年
回復する生命　その1　『論座』朝日新聞社、二〇〇三年五月号　〔『寡黙なる巨人』〕
回復する生命　その2　『論座』二〇〇三年六月号　〔『寡黙なる巨人』〕
苦しみが教えてくれたこと　『文藝春秋』文藝春秋、二〇〇六年五月臨時増刊号　〔『寡黙なる巨人』〕
障害者の五十年　『論座』二〇〇三年八月号　〔『寡黙なる巨人』〕
理想の死に方――歩キ続ケテ果テニ息ム　『文藝春秋』二〇〇五年一月号　〔『寡黙なる巨人』（原題「歩キ続ケテ果テニ息ム」）〕

Ⅱ　人間の尊厳

〈詩〉君は忿怒佛のように　『DEN』DEN編集室、二〇〇七年一―三月号　〔『多田富雄詩集　寛容』〕
診療報酬改定　リハビリ中止は死の宣告　『朝日新聞』二〇〇六年四月八日付「私の視点」
小泉医療改革の実態――リハビリ患者見殺しは酷い　『文藝春秋』二〇〇六年七月号

四四万人の署名を厚労省に提出したときの声明文　「リハビリ診療報酬改定を考える会」ホームページ（公開終了）
メッセージ——十月二十六日、リハビリ日数制限の実害告発と緊急改善を求める集会　「リハビリ診療報酬改定を考える会」ホームページ（公開終了）
リハビリ制限は、平和な社会の否定である　『世界』岩波書店、二〇〇六年十二月号
リハビリ制度・事実誤認に基づいた厚労省の反論　『朝日新聞』への投書原稿（未掲載）
リハビリ打ち切り問題と医の倫理——根拠を失ったリハビリ打ち切り制度を白紙撤回せよ　『文藝春秋』二〇〇七年三月号
ここまでやるのか厚労省——リハビリ患者を欺く制度改悪の狙いは何か　『文藝春秋』二〇〇七年七月号
介護に現れる人の本性　『読売新聞』二〇〇八年八月十三日夕刊

Ⅲ　死を想う

死の生物学　『新潮』新潮社、一九九五年四月号　〔『生命の意味論』新潮社、一九九七年〕
二つの死　『一冊の本』朝日新聞社、一九九八年五月号　〔『独酌余滴』朝日文庫、二〇〇六年〕
引き裂かれた生と死　『山陽新聞』一九九九年三月二十八日　〔『懐かしい日々の想い』朝日新聞社、二〇〇二年〕
死のかくも長いプロセス　『潮』潮出版社、一九九四年一月号　〔『ビルマの鳥の木』新潮文庫、一九九五年〕
父の教訓　『日本経済新聞』一九九五年十月二十七日夕刊　〔『独酌余滴』〕
「老い」断章　『SEISHIN PREVIEW』誠信書房、一九八四年十月号　〔『ビルマの鳥の木』〕

高齢化社会への生物学者の対応　『品川区医師会内科部会雑誌』一九八七年一月二十日
樫の葉の声　『白い国の詩』東北電力広報サービス部、一九九二年　『ビルマの鳥の木』
夏の終り　『信濃毎日新聞』二〇〇〇年一月四日〜二〇〇一年五月五日、連載「今日の視角」より
　『懐かしい日々の想い』
「何で年寄る」『信濃毎日新聞』連載「今日の視角」より『懐かしい日々の想い』
死相　『機』藤原書店、二〇〇二年二月号　『懐かしい日々の想い』
中也の死者の目　『別冊太陽　日本のこころ　VOL.146　中原中也』平凡社、二〇〇七年　『寡黙
　なる巨人』
春は桜の歓喜と憂い　『読売新聞』二〇〇九年四月六日夕刊
比翼連理　『青春と読書』集英社、二〇〇六年六月号　『ダウンタウンに時は流れて』集英社、
　二〇〇九年」

著者紹介

多田富雄（ただ・とみお）

1934 年，茨城県結城市生まれ。東京大学名誉教授。専攻・免疫学。元・国際免疫学会連合会長。1959 年千葉大学医学部卒業。同大学医学部教授，東京大学医学部教授を歴任。71 年，免疫応答を調整するサプレッサー（抑制）T 細胞を発見，野口英世記念医学賞，エミール・フォン・ベーリング賞，朝日賞など多数受賞。84 年文化功労者。
2001 年 5 月 2 日，出張先の金沢で脳梗塞に倒れ，右半身麻痺と仮性球麻痺の後遺症で構音障害，嚥下障害となる。
2010 年 4 月 21 日死去。
著書に『免疫の意味論』（大佛次郎賞）『生命へのまなざし』『落葉隻語　ことばのかたみ』（以上，青土社）『生命の意味論』『脳の中の能舞台』『残夢整理』（以上，新潮社）『独酌余滴』（日本エッセイストクラブ賞）『懐かしい日々の想い』（以上，朝日新聞社）『全詩集 歌占』『能の見える風景』『花供養』『詩集 寛容』『多田富雄新作能全集』（以上，藤原書店）『寡黙なる巨人』（小林秀雄賞）『春楡の木陰で』（以上，集英社）など多数。

多田富雄《ただとみお》コレクション（全 5 巻）
3　**人間《にんげん》の復権《ふっけん》——リハビリと医療《いりょう》**

2017年 9 月10日　初版第 1 刷発行©

著　　者　多　田　富　雄
発 行 者　藤　原　良　雄
発 行 所　株式会社　藤　原　書　店

〒 162-0041　東京都新宿区早稲田鶴巻町 523
電　話　03（5272）0301
F A X　03（5272）0450
振　替　00160 - 4 - 17013
info@fujiwara-shoten.co.jp

印刷・製本　中央精版印刷

落丁本・乱丁本はお取替えいたします
定価はカバーに表示してあります

Printed in Japan
ISBN978-4-86578-137-3

『回生』に続く待望の第三歌集

歌集 花道

鶴見和子

「短歌は究極の思想表現の方法である。」——大反響を呼んだ半世紀ぶりの歌集『回生』から三年、きもの・おどりなど生涯を貫く文化的素養と、国境を越えて展開されてきた学問的蓄積が、脳出血後のリハビリテーション生活の中で見事に結びつき、美しく結晶した、待望の第三歌集。

菊上製　一三六頁　**二八〇〇円**
（二〇〇〇年二月刊）
◇978-4-89434-165-4

最も充実をみせた最終歌集

歌集 山姥

鶴見和子
序＝鶴見俊輔　解説＝佐佐木幸綱

脳出血で斃れた瞬間に、歌が噴き上げた——片身麻痺となりながらも短歌を支えに歩んできた、鶴見和子の〝回生〟の十年。『虹』『回生』『花道』に続き、最晩年の作をまとめた最終歌集。

菊上製　三二八頁　**四六〇〇円**
（二〇〇七年一〇月刊）
◇978-4-89434-582-9

限定愛蔵版　三百部限定
布クロス装貼函入豪華製本
口絵写真八頁／しおり付　八八〇〇円
（二〇〇七年一一月刊）
◇978-4-89434-588-1

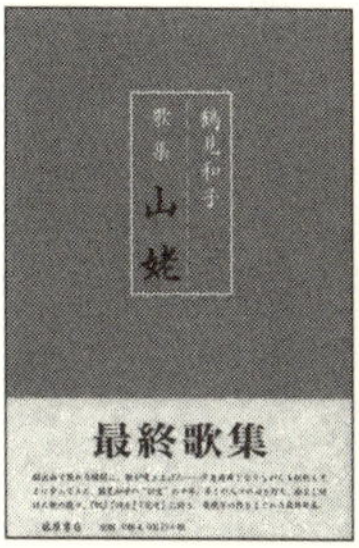

人間・鶴見和子の魅力に迫る

鶴見和子の世界

R・P・ドーア、石牟礼道子、河合隼雄、中村桂子、鶴見俊輔ほか

学問／道楽の壁を超え、国内はおろか国際的舞台でも出会う人すべてを魅了してきた鶴見和子の魅力とは何か。国内外の著名人六十三人がその謎を描き出す珠玉の鶴見和子論。〈主な執筆者〉**赤坂憲雄、宮田登、川勝平太、堤清二、大岡信、澤地久枝、道浦母都子**ほか。

四六上製函入　三六八頁　**三八〇〇円**
（一九九九年一〇月刊）
◇978-4-89434-152-4

鶴見俊輔による初の姉和子論

鶴見和子を語る

（長女の社会学）

鶴見俊輔・金子兜太・佐佐木幸綱　黒田杏子編

社会学者として未来を見据え、〝道楽者〟としてきものやおどりを楽しみ、〝生活者〟としてすぐれたもてなしの術を愉しみ……そして斃れてからは「短歌」を支えに新たな地平を歩みえた鶴見和子は、稀有な人生のかたちを自らどのように切り拓いていったのか。

四六上製　二三二頁　**二二〇〇円**
（二〇〇八年七月刊）
◇978-4-89434-643-7

渾身の往復書簡

言魂（ことだま）

石牟礼道子＋多田富雄

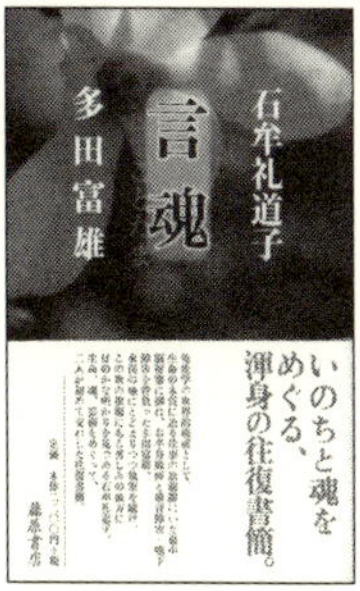

免疫学の世界的権威として、生命の本質に迫る仕事の最前線にいた最中、脳梗塞に倒れ、右半身麻痺と構音障害・嚥下障害を背負った多田富雄。水俣の地に踏みとどまりつつ執筆を続け、この世の根源にある苦しみの彼方にほのかな明かりを見つめる石牟礼道子。生命、魂、芸術をめぐって、二人が初めて交わした往復書簡。『環』誌大好評連載。

B6変上製　二一六頁　**二二〇〇円**
（二〇〇八年六月刊）
◇978-4-89434-632-1

韓国と日本を代表する知の両巨人

詩魂

高銀《コウン》＋石牟礼道子

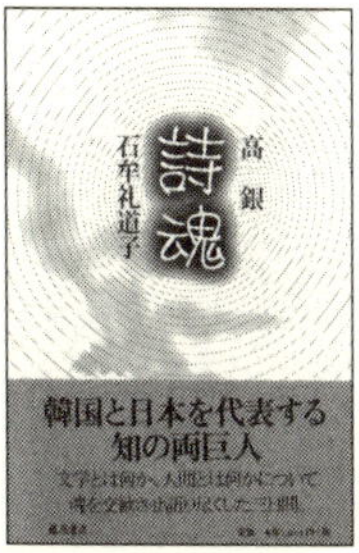

石牟礼「人と人の間だけでなく、草木とも風とも一体感を感じる時があって、そういう時に詩が生まれます」。

高銀「亡くなった漁師たちの魂に、もっと海の神様たちの歌を歌ってくれと言われて、詩人になったような気がします」。

韓国を代表する詩人・高銀と、日本を代表する作家・詩人の石牟礼道子が、魂を交歓させ語り尽くした三日間。

四六変上製　一六〇頁　**一六〇〇円**
（二〇一五年一月刊）
◇978-4-86578-011-6

作家・詩人と植物生態学者の夢の対談

水俣の海辺に「いのちの森」を

宮脇昭＋石牟礼道子

「私の夢は、『大廻《うまわ》りの塘《とも》』の再生です」——石牟礼道子の最後の夢、子ども時代に遊んだ、水俣の海岸の再生。そこは有機水銀などの毒に冒され、埋め立てられている。アコウや椿の木、魚たち……かつて美しい自然にあふれていたふるさとの再生はできるのか？　水俣は生まれ変われるか？　「森の匠」宮脇昭の提言とは？

B6変上製　二一六頁　**二〇〇〇円**
（二〇一六年一〇月刊）
◇978-4-86578-092-5

水俣の再生と希望を描く詩集

坂本直充詩集

光り海

坂本直充

推薦＝石牟礼道子

特別寄稿＝柳田邦男　解説＝細谷孝

「水俣病資料館館長坂本直充さんが詩集を出された。胸が痛くなるくらい、穏和なお人柄である。「毒死列島身悶えしつつ野辺の花」という句をお贈りしたい。」（石牟礼道子）

第35回熊日出版文化賞受賞

A5上製　一七六頁　**二八〇〇円**
（二〇一三年四月刊）
◇978-4-89434-911-7